環境・社会・ガバナンス

日弁連ESGガイダンスの解説とSDGs時代の実務対応

持続可能な開発目標

ESG／SDGs法務研究会 編

商事法務

はじめに

日弁連 ESG ガイダンスとは何か

　日本弁護士連合会は、2018 年 8 月、「ESG（環境・社会・ガバナンス）関連リスク対応におけるガイダンス（手引）〜企業・投資家・金融機関の協働・対話に向けて〜」を発表した（「日弁連 ESG ガイダンス」）。

　国連が、2006 年に、投資家がとるべき行動として責任投資原則（PRI）を発表し ESG に配慮した投資を提唱したことや、2015 年に、環境・社会分野に関する各国政府・企業の共通目標として「持続可能な開発目標（SDGs）」を採択したことなどを契機として、企業・投資家・金融機関をはじめとする利害関係者において、ESG 課題への企業の対応のあり方に対する関心が高まっている。

　一方、近年、企業活動を通じて、ESG 課題のリスク面として、人権侵害・環境破壊などの負の影響が生じていることも認識されており、「ビジネスと人権に関する国連指導原則」「気候変動に関するパリ協定」などの採択を契機とした国内外のルール形成も加速化している。その結果、企業の経営トップが重要なリスク管理として ESG 課題を認識し、対処することが求められている。また、投資家・金融機関も、投融資先企業の ESG 関連リスクへの対応状況を把握し、エンゲージメント（対話）を行うことが期待されている。

　そこで、特に ESG 課題のリスク面に焦点を当てて、企業・投資家・金融機関及びこれらの組織に対し法的助言を行う弁護士を対象として、ESG に関連するリスクへの対応に向けた協働・対話のためのガイダンスを提示したものである。

ガイダンス解説書の執筆の背景

　日弁連 ESG ガイダンスは、日弁連弁護士業務改革委員会の企業の社会的責任（CSR）と内部統制に関するプロジェクトチーム（座

はじめに

長：齊藤誠弁護士）において策定し、日弁連における承認を経て公表されたものである。

CSRPTにおいては、コンプライアンス・CSR・金融法務に関して第一線で取り組む弁護士らにおいて、松原稔氏（りそな銀行）や真中克明氏（東京海上アセットマネジメント）をはじめとするESG投資・金融分野の専門家にも監修をいただきながらガイダンス策定のための会議を重ね、作成した素案について、経済産業省、金融庁、環境省、日本取引所自主規制法人、グローバル・コンパクト・ネットワーク・ジャパンに加盟する日本企業、信託協会・投資顧問業協会などの業界団体の関係者と対話を行って、ガイダンスを完成させた。

日弁連ESGガイダンスは、企業・投資家・金融機関が、ESGに関連するリスクへの対応に向けた協働・対話を行う上でのグッドプラクティスのエッセンスをできる限り簡潔にまとめたものであるが、日本企業や関係機関に対する意見照会のプロセスにおいて、日弁連ESGガイダンスの内容をより詳しく解説するコンメンタールの作成を求める意見を多数の関係者からいただいた。

そこで、本解説書は、日弁連ESGガイダンスの策定・監修にかかわった弁護士・専門家を中心として「ESG／SDGs法務研究会」を組織した上で、日弁連ESGガイダンスの解説を行うとともにその実践例や法的論点を紹介するものである。

執筆・監修メンバー

本書の執筆・監修にかかわったESG／SDGs法務研究会の委員は、下記の通りである（五十音順）。

なお、本解説書の内容は、弁護士会や所属組織の意見を代表するものではないことに留意されたい。

記

金昌浩（弁護士）、工藤靖（弁護士）、蔵元左近（弁護士）、齊藤誠

（弁護士）、鈴木仁史（弁護士）、髙野博史（弁護士）、高橋大祐（弁護士）、竹内朗（弁護士）、徳山佳祐（弁護士）、中野竹司（弁護士）、松原稔（りそな銀行）、真中克明（東京海上アセットマネジメント）、森原憲司（弁護士）

本書の構成

　本書は 3 部から構成される。

　第 1 部総論では、日弁連 ESG ガイダンス策定の背景・意義について、ESG ／ SDGs 時代における法規制・法実務の動向もふまえて解説を行う。

　第 2 部では、日弁連 ESG ガイダンスの 3 つの章である「企業の非財務情報開示」「機関投資家の ESG 投資におけるエンゲージメント（対話）」「金融機関の ESG 投資における審査」について、それぞれ逐条解説を行う。

　第 3 部では、日弁連 ESG ガイダンスに基づく、非財務情報開示・エンゲージメント・融資の実践例や法的論点について解説を行う。

　本書が、多くの実務担当者や法律家にとって ESG ／ SDGs 時代における法務対応を検討し、実践する契機となれば幸いである。

　2019 年 5 月

ESG ／ SDGs 法務研究会

齊藤　誠・高橋大祐

目　次

第 1 部　日弁連 ESG ガイダンス総論 ………………………………… I

はじめに ………………………………………………………………… 3
第 1　日弁連 ESG ガイダンスの概要 ………………………………… 3
第 2　日弁連 ESG ガイダンス策定の趣旨・背景 …………………… 4
　　1　PRI 策定を契機とした ESG 投資の拡大 …………………… 4
　　2　SDGs の採択 ……………………………………………………… 6
　　3　わが国における ESG に関するルール形成の進展 ………… 9
　　4　ESG 関連リスクの高まり ……………………………………… I0
第 3　日弁連 ESG ガイダンスにおける ESG の概念 ……………… I3
　　1　企業価値及び法令遵守との関係 ……………………………… I3
　　2　ESG の範囲と各要素の相互関連性 ………………………… I4
第 4　日弁連 ESG ガイダンスの構成 ………………………………… I5
　　1　第 1 章 ………………………………………………………………… I5
　　2　第 2 章 ………………………………………………………………… I6
　　3　第 3 章 ………………………………………………………………… I7
第 5　日弁連 ESG ガイダンスの法的性質 ………………………… I9

第 2 部　逐条解説 …………………………………………………… 2I

第 1 章　企業の非財務情報開示 ……………………………………… 23

はじめに ………………………………………………………………… 23
　　1　長期投資における ESG 投資の広がり ……………………… 23
　　2　ESG 情報開示を充実させることの重要性 ………………… 24
　　3　ESG 情報として開示する情報 ………………………………… 25
第 1 節　総論 …………………………………………………………… 26

v

目次

第1条　非財務情報開示の目的 ……………………………………… 26

第2条　開示される非財務情報の正確性の確保 …………………… 28

第3条　非財務情報の信頼性を確保するための体制の整備 ……… 35

第2節　非財務情報の開示内容 …………………………………………… 38

第4条　開示対象となる非財務情報 ………………………………… 38

第5条　人権擁護への取組の開示項目 ……………………………… 50

第6条　労働問題への取組の開示項目 ……………………………… 53

第7条　環境問題への取組の開示項目 ……………………………… 59

第8条　腐敗防止への取組の開示項目 ……………………………… 63

第9条　サプライチェーンに対する取組の開示項目 ……………… 66

第10条　コーポレート・ガバナンス強化への取組の開示項目 ……… 68

第3節　非財務情報の開示方法 …………………………………………… 71

第11条　非財務情報の開示媒体 …………………………………… 71

第12条　非財務情報の開示頻度 …………………………………… 75

第13条　開示した非財務情報に誤りがあった場合の措置 ……… 76

第14条　企業不祥事発生時の開示 ………………………………… 76

第2章　機関投資家の ESG 投資におけるエンゲージメント（対話）
……………………………………………………………………………… 78

はじめに ………………………………………………………………………… 78

1　日弁連 ESG ガイダンス第2章の適用対象：パッシブ運用を行う長期機関投資家 ……………………………………………………………… 78

2　日弁連 ESG ガイダンス第2章における ESG 投資手法：エンゲージメント（対話）へのフォーカス ……………………………………… 79

3　日弁連 ESG ガイダンス第2章の特徴：不祥事対応・予防へのフォーカス ………………………………………………………………… 79

第1節　企業不祥事発生時（有事）のエンゲージメント（対話）
……………………………………………………………………………… 81

第1条　有事エンゲージメントの目的 ……………………………… 81

第2条　企業不祥事発生の判断基準 ………………………………… 86

目次

　　第 3 条　有事エンゲージメントの開始時期 ················· 92

　　第 4 条　有事エンゲージメントの方法 ····················· 93

　　第 5 条　投資対象からの排除 ···························· 103

　　第 6 条　損害賠償請求権の行使 ························· 107

　第 2 節　企業不祥事防止のための平時エンゲージメント（対話）

　　　　 ··· 111

　　第 7 条　平時エンゲージメントの目的 ···················· 111

　　第 8 条　ESG 関連リスクの判断要素 ····················· 113

　　第 9 条　平時エンゲージメントの方法 ···················· 116

　　第 10 条　投資対象からの排除 ·························· 122

第 3 章　金融機関の ESG 融資における審査 ·················· 124

はじめに ·· 124

第 1 節　金融機関の融資方針 ····························· 129

　　第 1 条　融資における基準とリスク評価 ·················· 129

第 2 節　融資の各場面での対応 ··························· 133

　　第 2 条　入口対策 ··································· 133

　　第 3 条　中間管理 ··································· 136

　　第 4 条　出口対策 ··································· 137

　　第 5 条　融資先企業との対話及び支援 ·················· 139

第 3 節　契約条項（コベナンツ） ··························· 139

　　第 6 条　ESG 条項の導入 ····························· 139

第 3 部　実践例・留意点 ······························· 155

はじめに ·· 157

第 1 章　企業の非財務情報開示の実践例 ·················· 158

はじめに ·· 158

vii

目次

第1 ANA ホールディングス株式会社 ················ 158
1 概要 ·· 158
2 コメント ·· 160

第2 味の素株式会社 ·· 160
1 概要 ·· 160
2 コメント ·· 162

第3 日本たばこ産業株式会社 ···························· 163
1 概要 ·· 163
2 コメント ·· 165

第4 伊藤忠商事株式会社 ································· 165
1 概要 ·· 165
2 コメント ·· 166

第5 住友金属鉱山株式会社 ······························ 166
1 概要 ·· 166
2 コメント ·· 167

第6 Unilever ·· 167
1 概要 ·· 167
2 コメント ·· 169

第7 The Coca-Cola Company ···························· 170
1 概要 ·· 170
2 コメント ·· 171

第2章 機関投資家のエンゲージメントの実践例 ········ 172

第1 はじめに ·· 172
第2 パッシブ運用と ESG 投資におけるエンゲージメント ········ 172
1 長期の機関投資家の特徴 ····························· 173
2 アクティブ運用とパッシブ運用の比較 ············ 173
3 パッシブ運用投資家によるエンゲージメントの特徴 ········ 174
4 投資家による ESG 関連リスクと機会の位置付け ·········· 175

viii

第3 りそな銀行におけるエンゲージメント ……………………… 176

  1 りそな銀行における責任投資の考え方 …………………… 176

  2 投資先企業との建設的な対話・エンゲージメント ………… 177

  3 パッシブ運用におけるエンゲージメントの状況 ………… 177

  4 環境問題関連、社会問題関連をテーマとするエンゲージメント
   ………………………………………………………………… 179

  5 企業不祥事に関するエンゲージメント・議決権の行使 ……… 180

  6 集団的エンゲージメントへの参加 ………………………… 182

第4 機関投資家協働対話フォーラムの集団的エンゲージメント
………………………………………………………………… 182

  1 機関投資家協働対話フォーラム設立の経緯 ……………… 182

  2 協働対話フォーラムの活動内容と意義 …………………… 183

  3 不祥事発生企業との協働対話 ……………………………… 184

  4 今後の協働対話に向けた展望 ……………………………… 187

第3章 投資家が上場会社の不祥事対応の「実力」を見極めるためのチェックポイント …………………………………………… 188

第1 上場企業の不祥事対応に対する投資家の関心の高まり …… 188

  1 スチュワードシップ・コードにおける位置付け ………… 188

  2 日弁連 ESG ガイダンスにおける位置付け ……………… 189

  3 機関投資家協働対話フォーラムにおける動向 …………… 189

第2 不祥事対応のベストプラクティスを物差しにして考える
………………………………………………………………… 190

  1 ①日弁連「企業等不祥事における第三者委員会ガイドライン」… 190

  2 ②上場会社における不祥事対応のプリンシプル ………… 192

  3 ③第三者委員会報告書格付け委員会の声明 ……………… 193

  4 ④上場会社における不祥事予防のプリンシプル ………… 196

第3 上場企業の不祥事対応を見極めるチェックポイントとは… 196

第4章 開示・エンゲージメントにおける金商法上の法的論点
………………………………………………………………… 198

目次

第1 機関投資家がエンゲージメントを行うに際して留意すべき金融商品取引法上の規制 …………………………………………………… 198

第2 エンゲージメントにおいて共有・議論する情報に関する金融商品取引法上の各規制について ………………………………… 198

　1 投資先とのエンゲージメントと①内部者取引規制 ……………… 199

　2 投資先とのエンゲージメントと②上場会社等による公平な情報開示に関する規制（重要情報の公表規制）………………………… 204

　3 投資先とのエンゲージメントと金融商品取引業者を対象とする③法人関係情報に関する規制 ………………………………………… 207

　4 投資先とのエンゲージメントを通じて開示情報に虚偽があると認識した場合の対応について ………………………………………… 209

第3 エンゲージメントにおける対話手法に関する金融商品取引法上の各規制について ………………………………………………… 211

　1 投資先とのエンゲージメントと①大量保有報告規制の特例報告制度に関する重要提案行為等への該当可能性 …………………… 211

　2 投資先とのエンゲージメントと②大量保有報告規制における共同保有者又は公開買付け規制における特別関係者への該当可能性 ………………………………………………………………………… 214

第5章　金融機関の ESG 取組の状況 ……………………………………… 217

第1 業界団体の取組 ……………………………………………………… 217

　1 全国銀行協会 …………………………………………………………… 217

　2 全国信用金庫協会 ……………………………………………………… 218

　3 生命保険協会 …………………………………………………………… 218

　4 日本損害保険協会 ……………………………………………………… 218

　5 日本証券業協会 ………………………………………………………… 219

　6 小括 ……………………………………………………………………… 219

第2 銀行の取組 …………………………………………………………… 219

　1 三菱 UFJ フィナンシャル・グループ ……………………………… 220

2　三井住友銀行 ……………………………………………… 223

　　3　みずほフィナンシャルグループ …………………………… 226

　　4　りそなホールディングス …………………………………… 227

　　5　日本政策投資銀行 ………………………………………… 228

　　6　地域金融機関 ……………………………………………… 229

　第3　保険会社の取組 …………………………………………… 230

　第4　終わりに――責任銀行原則等の動き ………………………… 230

索引 ………………………………………………………………… 233

著者紹介 …………………………………………………………… 235

第1部

日弁連 ESG ガイダンス総論

はじめに

　本書第 1 部では、日弁連 ESG ガイダンスの意義や活用方法に関し て、①日弁連 ESG ガイダンスの概要、②日弁連 ESG ガイダンス 策定の趣旨・背景、③日弁連 ESG ガイダンスにおける ESG の概念、 ④日弁連 ESG ガイダンスの構成、⑤日弁連 ESG ガイダンスの法的 性質を説明することを通じて解説する。

第 1　日弁連 ESG ガイダンスの概要

　本ガイダンスは、ESG 関連リスク対応の実務方針に関し、①一 般の日本企業向けのガイダンス（第 1 章）、機関投資家向けのガイ ダンス（第 2 章）、③金融機関向けのガイダンス（第 3 章）という 3 部構成をとっている。

　ESG 関連リスクへの対応のためには、一般の日本企業・機関投

図表 1-1　各部のガイダンスの概要

第 1 章 企業の非財務情報開示	第 2 章 機関投資家の ESG 投資 におけるエンゲージメン ト（対話）	第 3 章 金融機関の ESG 投資に おける審査
第 1 節　総論（1 条〜3 条） 第 2 節　非財務情報の 開示内容（4 条〜10 条） 第 3 節　非財務情報の 開示方法（11 条〜14 条）	第 1 節　企業不祥事発生 時（有事）のエンゲージ メント（対話）（1 条〜6 条） 第 2 節　企業不祥事防止 のための平時エンゲージ メント（対話）（7 条〜 10 条）	第 1 節　金融機関の融 資方針 第 2 節　融資の各場面 での対応（2 条〜5 条） 第 3 節　契約条項（コ ベナンツ）（6 条、7 条）

3

第1部　日弁連ESGガイダンス総論

資家・金融機関の協働やエンゲージメント（対話）が不可欠であることから、各部のガイダンスの内容は相互に密接関連したものとなっており、全体を通して理解することが不可欠である。

第2　日弁連 ESG ガイダンス策定の趣旨・背景

1　PRI 策定を契機とした ESG 投資の拡大

　企業活動においてステークホルダーへの配慮を重視する傾向が強かった欧米各国、特に欧州地域では、機関投資家の投資に際しても、環境上の問題（Environment）、社会的な問題（Social）及び企業統治の問題（Governance）（ESG）を投資分析に取り入れる議論が2000年代初めから既に展開されていた。

　このような中で、2006年、投資にあたり ESG への配慮を求めることを内容とする責任投資原則（PRI：Principles for Responsible Investors）が国連の支援により策定された。同原則は、機関投資家には受益者のために長期的視点に立ち、受益者の最大限の利益を最大限追求する義務があるとし、かかる受託者としての責任を果たす上で、ESG の課題に取り組むことを求めた。具体的には、同原則に署名した投資家に対し、投資分析と意思決定のプロセスに ESG の課題を組み込むこと（第1原則）、株主として議決権行使などの方針に ESG 課題を組み入れること（第2原則）、投資対象の主体に対して ESG 課題について適切な開示を求めること（第3原則）などを規定していた。

　同原則にはその後、わが国の多数の投資運用機関を含む2,000を超える機関が署名することとなり、その運用資産は世界で約82兆ドル（2018年6月時点）と言われるに至っている。

　わが国においては、2015年9月、世界最大の機関投資家でもある年金積立金管理運用独立行政法人（GPIF）が、資産運用において ESG の取組に優れた企業へ投資を行う ESG 投資の推進の一環とし

4

て、PRIに署名したことを発表し、それ以来、わが国における
ESG投資は多面的かつ広範なものとなっている。わが国では、
1999年以降、SRI（社会的責任投資）型金融商品が発売・運用され
ており、2011年には環境省と金融機関等によって「持続可能な社
会の形成に向けた金融行動原則」が定められる等、ESGに配慮して
持続可能な社会の構築をめざす投資の動きが着実に広がっている。
これに合わせて、わが国においても、機関投資家が、スチュワード
シップ活動の一環として、投資先企業に対して財務情報のみならず
非財務情報の積極的な開示を求めるようになっており、日本企業の
ESGリスクを含む非財務情報の開示の動きが進行している。すな
わち、わが国では、2017年5月の日本版スチュワードシップ・コー
ド（SSコード）改訂、2018年6月のコーポレートガバナンス・コー
ド（CGコード）改訂と並行して、2017年1月には環境省「ESG検
討会報告書」、2017年5月には、企業と投資家間のESG・非財務情
報に関する開示・エンゲージメントの促進を目的とする、経済産業
省「価値協創のための統合的開示・対話ガイダンス――ESG・非財
務情報と無形資産投資（価値協創ガイダンス）」、2018年3月には
「価値協創ガイダンス」解説資料が発表された。改訂版SSコード
では、投資先企業のESG要素の考慮が明確化され、改訂版CG
コード第2章は「株主以外のステークホルダーとの適切な協働」を
規定し、原則2－3において「社会・環境問題をはじめとするサス
テナビリティー（持続可能性）を巡る課題への適切な対応」を規定
している。2018年12月には経済産業省「グリーンファイナンスと
企業の情報開示の在り方に関する『TCFD研究会』」でガイダンス
案が策定された。
　以上のように、わが国においても、日本企業にとって、外部から
広く投融資を呼び込み、収益機会＝攻めのガバナンスを実現すると
いう点で、また、企業を取り巻く環境・社会・企業統治に関するい
わゆるESGリスクと各種ステークホルダーに的確に対処し、その

第 1 部　日弁連 ESG ガイダンス総論

姿勢を機関投資家及び金融機関に示すことが必須な状況に至っている。

　このような流れの中で、今般、日弁連の本ガイダンス（手引）が発表されたものである。

2　SDGs の採択

　以上の ESG 投資の拡大に関連する事項として、2015 年に国連総会で採択された「持続可能な開発目標（SDGs）」は、2016 年から2030 年までの先進国を含む国際社会共通の目標を設定している。SDGs は、序文、政治宣言、持続可能な開発目標（SDGs：17 ゴール、169 ターゲット）、実施手段、及び、フォローアップ・レビューで構成されている。SDGs は、途上国の開発目標を定めた「ミレニアム開発目標（Millennium Development Goals：MDGs）」とは異なり、先進国を含むすべての国に適用される普遍性が最大の特徴となっている。

　わが国の政府も、2015 年に SDGs が採択された後、その実施に向け、2016 年 5 月に、総理大臣を本部長、全閣僚を構成員とする「SDGs 推進本部」を設置し、国内での実施と国際協力の両面で率先して取り組む体制を整えた。SDGs 推進本部の下で、行政、民間セクター、NGO・NPO、有識者、国際機関、各種団体等を含む幅広いステークホルダーによって構成される「SDGs 推進円卓会議」における議論を経て、2016 年 12 月に今後の取組の指針となる「SDGs 実施指針」が決定されている。また、2018 年 6 月の第 5 回推進本部会合では、2017 年 12 月の第 4 回会合で決定した『SDGs アクションプラン 2018』を更に具体化・拡大した『拡大版 SDGs アクションプラン 2018』が決定されている。

　SDGs の定める 17 ゴール（目標）は以下となっているが、企業に関わる面では企業の ESG 課題への対応と重なり合う点が多く、ESG 課題へ適切に対応することと SDGs への積極的な取組は密接

不可分なものとなっている。例えば、GPIF は、投資家による ESG 投資と投資先企業との SDGs への取組は表裏の関係にあるという認識を明らかにしている。仮に企業が SDGs への適切な対応を誤れば、株主・従業員・顧客・地域社会等の各ステークホルダーからの信頼が損なわれ、事業を実施する際の社会的信頼＝「社会的な操業許可（Social license to operate）」を失い、ESG 投資を受ける機会を喪失することにもなり得るという意味で、大きな ESG リスクにもなるといえる。

図表 1-2 SDGs の定める 17 ゴール（目標）の概要

目標 1（貧困）	あらゆる場所のあらゆる形態の貧困を終わらせる。
目標 2（飢餓）	飢餓を終わらせ、食料安全保障及び栄養改善を実現し、持続可能な農業を促進する。
目標 3（保健）	あらゆる年齢のすべての人々の健康的な生活を確保し、福祉を促進する。
目標 4（教育）	すべての人に包摂的かつ公正な質の高い教育を確保し、生涯学習の機会を促進する。
目標 5（ジェンダー）	ジェンダー平等を達成し、すべての女性及び女児の能力強化を行う。
目標 6（水・衛生）	すべての人々の水と衛生の利用可能性と持続可能な管理を確保する。
目標 7（エネルギー）	すべての人々の、安価かつ信頼できる持続可能な近代的エネルギーへのアクセスを確保する。
目標 8（経済成長と雇用）	包摂的かつ持続可能な経済成長及びすべての人々の完全かつ生産的な雇用と働きがいのある人間らしい雇用（ディーセント・ワーク）を促進する。
目標 9（インフラ、産業化、イノベーション）	強靱（レジリエント）なインフラ構築、包摂的かつ持続可能な産業化の促進及びイノベーションの推進を図る。
目標 10（不平等）	各国内及び各国間の不平等を是正する。

目標11（持続可能な都市）	包摂的で安全かつ強靱（レジリエント）で持続可能な都市及び人間居住を実現する。
目標12（持続可能な生産と消費）	持続可能な生産消費形態を確保する。
目標13（気候変動）	気候変動及びその影響を軽減するための緊急対策を講じる。
目標14（海洋資源）	持続可能な開発のために海洋・海洋資源を保全し、持続可能な形で利用する。
目標15（陸上資源）	陸域生態系の保護、回復、持続可能な利用の推進、持続可能な森林の経営、砂漠化への対処、並びに土地の劣化の阻止・回復及び生物多様性の損失を阻止する。
目標16（平和）	持続可能な開発のための平和で包摂的な社会を促進し、すべての人々に司法へのアクセスを提供し、あらゆるレベルにおいて効果的で説明責任のある包摂的な制度を構築する。
目標17（実施手段）	持続可能な開発のための実施手段を強化し、グローバル・パートナーシップを活性化する

図表1-3　SDGsアイコン

3 わが国における ESG に関するルール形成の進展

　前述の通り、わが国においては、企業の ESG 課題への取組は、国際・国内の両面において、投資、リスクマネジメント、ステークホルダー対応等の各種の外観をとって急速に現れてきており、適切な対応が求められる状況になっている。具体的には、前述の説明と一部重複するが、① ESG 投資の拡大、②金融庁における SS コード及び CG コードの策定、③経済産業省による価値協創ガイダンスの発表、④環境省による ESG 対話プラットフォーム運用の本格化、⑤金融機関による「21 世紀金融行動原則」の署名・推進、⑥ SDGs 実施指針や未来投資戦略の策定・実施、⑦消費者教育推進法に基づく倫理的消費の推進、⑧経団連企業行動憲章の改訂が相次いでなされている。

　特に⑧は、日本企業の加盟する最大の組織である経団連の企業行動憲章が改訂されたものであり、特に第 4 条では、「人権の尊重」として、「すべての人々の人権を尊重する経営を行う。」と規定し、「国際的に認められた人権を理解し、尊重する。(4 - 1)」「人権を尊重する方針を明確にし、事業活動に反映する。(4 - 2)」「多様なステークホルダーと連携し、人権侵害を受けやすい社会的に立場の弱い人の自立支援を通じて、包摂的な社会づくりに貢献する。」ことをその内容として会員企業に求めることとなった。その他、ESG 投資の拡大なども踏まえ、ESG に配慮した経営の推進により、社会的責任への取組を進めることを前文に明記し、第 3 原則（公正な情報開示、ステークホルダーとの建設的対話）として、「企業情報を積極的、効果的かつ公正に開示し、企業をとりまく幅広いステークホルダーと建設的な対話を行い、企業価値の向上を図る」ことも規定された。

　以上のように、わが国においては、ESG に関する様々な取組やルール形成が着実に進みつつある。

第 1 部 日弁連 ESG ガイダンス総論

4 ESG 関連リスクの高まり

⑴ ESG 関連リスクの顕在化としての企業不祥事の多発

　ところで、企業の ESG 課題のうちで特に社会 (S) に関するリスクが顕在化した国内事例としては、大手居酒屋チェーン運営会社の女性従業員過労自殺事件、大手広告代理店の女性従業員過労自殺事件、環境に関するリスクが顕在化した事例として豊島事件、排水データ改ざん事件等が存在する。また、最近の事件としては、スポーツ選手に対するパワハラ問題が挙げられる。これらはいずれも当初はマスメディアの報道では比較的に小さな事件として取り扱われていたが、対象企業が適切な対応を怠ったために報道が拡大し、社会的批判が高まり、企業価値が著しく毀損するに至ったものである。このような傾向は最近も継続しているといえる。

⑵ ESG 関連規制の導入

　以上のような企業不祥事の多発を受けて、本手引き別紙記載の通り、①企業不祥事の発生とその予防・対応のためのプリンシプルの策定、② ESG 関連規制導入の背景としての「ビジネスと人権に関する国連指導原則」の採択、③日本政府のビジネスと人権に関する国別行動計画の策定に向けた取組、④気候変動に関する国際開示フレームワークの発表を通じて、ESG に関連するリスクの認識が広がっており、企業の経営トップが重要なリスク管理として ESG 課題を認識し、対処することが求められている。

　特に、②については、2011 年、国連人権理事会が採択した「ビジネスと人権に関する指導原則」（指導原則）を契機として、米国紛争鉱物規制最終規則（2012 年）、米国カリフォルニア州サプライチェーン透明化法（2010 年）、EU 非財務情報開示指令（2014 年）、英国現代奴隷法（2015 年）、米国連邦調達規則改正（2015 年）、フランス人権デュー・ディリジェンス法（2017 年）、EU 紛争鉱物規則（2017 年）の他、豪州現代奴隷法（2018 年）、オランダ児童労働

デュー・ディリジェンス法（案）、スイスの憲法改正等の立法化の動きが着実に進展している[1][2][3]。

　このうち、米国カリフォルニア州サプライチェーン透明化法は、一定の企業等に対し、サプライチェーンに関する情報の報告（開示）を行うことを義務付ける米国カリフォルニア州法であるが、サプライチェーンの透明化を定める各国法令の動きの先駆け・モデルとして大きな意義を有する。また、英国現代奴隷法は、一定の企業等に対し、自社の事業及びサプライチェーンにおいて奴隷労働（隷属状態及び強制労働を含む）並びに人身取引が発生しないことを確保するために前会計年度中にとった措置について、報告（情報開示）を行うことを義務付ける英国法であるが、英国子会社とは別に、本社・グループとして独自に開示を行っている日本企業も多く、他の日本企業にとってもステートメントの開示を検討すべき法令となっている。

　また、ESG に関連する貿易管理ルールとして、米国の関税当局が、国際人権 NGO からの通報の活発化を受け、強制労働・児童労働により生産された商品の米国への輸入を禁止する米国貿易円滑化・貿易執行法（2016 年）を積極的に執行し、各種産品・製品の米国への輸入を数多く差し止めている。米国の関税当局は、最近では、

---

1)　蔵元左近「『責任あるサプライチェーン』に関する各国の法令の最近の動向（上）——英国『現代の奴隷制法 2015』（Modern Slavery Act 2015）の内容および実務上の留意点を中心に」NBL1073 号（2016 年）76 頁。

2)　蔵元左近「『責任あるサプライチェーン』に関する各国の法令の最近の動向（下）——『カリフォルニア州サプライチェーン透明法』(California Transparency in Supply Chains Act of 2010)、Trade Facilitation and Trade Enforcement Act of 2015、米国大統領令等」NBL1075 号（2016 年）70 頁。

3)　蔵元左近「『人権監視法』の国際的進展と日本企業の対応の必要性——日本企業の英国現代奴隷法に基づく開示例の分析、豪州版現代奴隷法の制定への動き、さらに、より強力なオランダ版新法（案）の概要等」NBL1108 号（2017 年）50 頁。

第 1 部　日弁連 ESG ガイダンス総論

2018 年 5 月にトルクメニスタンの綿・関連製品全般の米国への輸入差止めを行っているが、今後、仮に、米国の関税当局が、特定の日本企業（又はその下請企業等）が外国人技能実習生を酷使しているという情報を入手した場合、当該日本企業の米国への輸出品を差し止めるような事態もあり得るといえる。本章解説者〔蔵元左近〕の見るところ、日本企業の国内のサプライチェーンの適正化・透明化の課題の本丸は、外国人労働者——現在のところは特に外国人技能実習生——への対応にある。外国人技能実習生への対応は、実習生を多く抱えるわが国の中小企業のみならず、自社のサプライチェーン上において技能実習生が存在する大企業においても、ESGリスク・人権リスク予防の観点、特に、現在の日本企業の喫緊の課題である「働き方改革」を広く自社の国内のサプライチェーンへ及ぼすという観点で、積極的に取り組むべき課題といえる。サプライチェーンの適正化・透明化の課題というと、英国現代奴隷法のような海外の法令に意識が向き、日本国内の課題ではないように思いがちであるが、今後、わが国で「特定技能」の在留資格が創設され、外国人労働者の増大が予想される中で、日本企業の法務・コンプライアンス・CSR 部門としては、日本企業が本拠地を置く日本国内のサプライチェーンの適正化・透明化にこそ、積極的な取組を行う必要があると考える。日本企業は、人権デュー・ディリジェンス等の措置を早急に実施することが推奨される[4]。

　2015 年の G7 エルマウ・サミット首脳宣言では、「責任あるサプライチェーン」の実現のため、指導原則を各国で実施していくことが誓約されている。指導原則に関しては、その実施を図るため、各国政府が国内行動計画（National Action Plan：NAP）を策定して実施

---

[4]　蔵元左近「日本企業の外国人技能実習適正化法への対応策——ステークホルダー経営／国内のサプライチェーンの適正化の観点から」NBL1114 号（2018 年）65 頁。

に移している状況にあり、わが国の政府も、現在、指導原則に関する国内行動計画を策定中である。日本政府において検討中のテーマは、①障がい者、LGBT、女性、②労働（児童、外国人労働者（外国人技能実習生を含む））、③サプライチェーン、中小企業、④公共調達、⑤金融、⑥救済へのアクセス、⑦環境、その他の分野となっている。日本企業としてもこれを参考にESG課題への取組を積極的に図るべきと考えられる。

　以上の本ガイダンス（手引）の背景については、同ガイダンスの〈別紙〉を併せてご確認いただきたい。

第3　日弁連ESGガイダンスにおけるESGの概念

1　企業価値及び法令遵守との関係

　ESG（環境・社会・ガバナンス）の概念は、前述の通り、2006年に国連責任投資原則（PRI）発足を経緯に、投資家が投資先企業に対する投資判断や株主としての意思決定のプロセスにおいて考慮すべき要素として提唱されたものである。投資家が考慮する要素であるがゆえに、ESGの各要素が企業価値に対しいかなる影響を与えるのかという点が重視される。

　環境・社会に関する様々な法規制の遵守やコーポレート・ガバナンスに関する会社法関連法制への対応を怠った場合には、企業価値を毀損するような不祥事に発展することが多い。そのような意味で、伝統的なコンプライアンス・ガバナンス対応がESG課題の対応の中核要素となる。

　一方で、たとえ適用法令に明確に違反しなくとも、企業がステークホルダー（利害関係者）の信頼に反するような行為に関与した場合には、顧客離れ、売上減少、投融資引揚げ、風評損害など様々な形で企業価値の毀損を招く可能性がある。そのような意味でESGとは、法令遵守を超えたステークホルダー対応やソフトローの尊重

第 1 部　日弁連 ESG ガイダンス総論

も包含している。

　以上のような趣旨で、日弁連 ESG ガイダンス第 1 章における非財務情報の開示項目も、人権（5 条）、労働（6 条）、環境（7 条）、腐敗防止（8 条）、サプライチェーン（9 条）、コーポレート・ガバナンス（10 条）の各分野に関して、法令の要求事項を超えてステークホルダーから一般的に対応が期待される事項も含めた規定を行っている。

2　ESG の範囲と各要素の相互関連性

　ESG の範囲については様々な考え方がある。企業統治（G）の要素については会社法やコーポレートガバナンス・コードなどで検討されることが多いため、あえて ESG という用語を用いる場合には、環境・社会（E・S）の要素のみに着目する考え方もある。

　日弁連の本ガイダンス（手引き）においては、必ずしも環境・社会（E・S）の要素のみを対象としているわけではなく、企業統治（G）の要素も含めて規定されている。例えば、第 1 章の開示項目にはコーポレート・ガバナンスの項目が含まれており、第 2 章の「不祥事」の原因には企業統治の機能不全の問題も当然含まれている。企業にとっていずれの要素が重要な要素となるかについては、各企業のビジネスモデルやその直面する課題によって異なる。

　留意すべき点は、環境・社会（E・S）と企業統治（G）は独立した要素ではなく、相互に密接に関連しており、不可分な関係にあることである。企業が環境・社会課題に適切に対応するためには、その前提として企業統治が機能していることが重要である。サステナビリティに関する国際規格である ISO26000 でも、ガバナンス（企業統治）は様々な環境・社会課題への対応に当たっての「共通基盤」として位置付けられている。一方で、企業やその役職員が自社を取り巻く環境・社会課題やステークホルダーの期待を認識しこれに対応するプロセスを通じて、役職員の意識や企業風土が改善し、

14

企業統治そのものの向上や見直しにつながる場合もある。その意味で、企業の環境・社会対応が企業統治の向上に資する側面もある。

このように、環境・社会（E・S）と企業統治（G）の要素は相互に影響を及ぼし得る関係にあるがゆえに、3つの要素に関して統合的に対応することが有効な場合が多い。

第4　日弁連 ESG ガイダンスの構成

1　第1章

第1章は、主に上場企業及びその企業集団を対象に、ESG 関連リスクへの対応のための体制整備の方法、非財務情報の開示項目の例、開示の方法・媒体に関する実務的指針を提供している。

非財務情報は、長期投資を行う投資家が長期的な観点で投資を行うために必要な情報である。非財務情報も、投資家やその他のステークホルダーの意思決定に用いられる情報であることから、「正確」で「明瞭」な情報でなければならないし、非財務情報を開示する企業が開示可能な取組を行っていない場合には、取組を行っていない理由について、明確かつ根拠のある説明をすべきである。そこで、企業は開示される非財務情報の信頼性を確保するため、適切な体制を整備すべきであり、かかる体制整備の内容が第1章で説明されている。

また、開示対象となる非財務情報は、非定量的なものが多く、企業ごとに差異が大きいという特徴があり、開示内容を画一的に定めることはできないという特質を有するが、国内外の官公庁・証券取引所等が公表するガイドラインを参照することが望ましいし、非財務情報の開示項目を決定するに当たっては、国際的な開示フレームワークを参照・依拠することも有用である。

非財務情報の開示項目には、①開示企業のビジネスモデル、②非財務分野に関する方針及び採用しているリスク評価の手続・基準、

15

第1部　日弁連ESGガイダンス総論

③方針及びリスク評価の実施結果、④重要なリスクに対する対処状況、⑤採用している重要成果評価指標（KPI）を含めるべきである。加えて、企業が開示する非財務情報は、少なくとも、①人権擁護への取組、②労働問題への取組、③環境問題への取組、④腐敗防止への取組、⑤サプライチェーンに対する取組、⑥コーポレート・ガバナンス強化への取組を含むものであるべきである。

　非財務情報の開示は、企業のホームページ上において、少なくとも1会計年度に1度開示し、多様な利用者が非財務情報を活用することができるようにするべきである。非財務情報をホームページ上でどのように開示するかの様式は企業に委ねられるが、他の企業との比較可能性を考慮した様式での開示が望ましい。

　また、ESGに関する企業不祥事が発生した場合、上場企業においては、日本取引所自主規制法人の「上場会社における不祥事対応のプリンシプル」などに従い、不祥事の原因を調査した上で、迅速かつ的確な情報開示を行うべきといえる[5]。

2　第2章

　第2章は、特に中長期の株式保有を通じたパッシブ運用を行う主な機関投資家を対象として、投資先企業におけるESG関連リスクの顕在化としての不祥事が発生した際のエンゲージメント（対話）のあり方及び不祥事発生を防止するための平時の際のエンゲージメント（対話）のあり方についての実務的な指針を提供している。

　まず、第2章は、特に中長期の株式保有を通じたパッシブ運用を行う機関投資家を主な対象として、ESG関連リスクの対応に関する投資先企業に対するエンゲージメントのあり方を解説している。

---

5)　高橋大祐＝中野竹司「日弁連ESGガイダンスを踏まえたSDGs時代の法務対応と非財務情報開示〔上〕〔下〕」旬刊商事法務2182号（2018年）39頁、同2183号（2018年）42頁も参照されたい。

さらに、機関投資家の投資先に対する ESG の観点からのエンゲージメント（特に不祥事が発生した場合の有事エンゲージメント）の目的として、①受託者責任、②人権尊重責任を果たす観点から説明を行っているほか、機関投資家が有事エンゲージメントを実施する端緒となる「企業不祥事」の判断要素を示している。加えて、有事エンゲージメントの開始時期・方法・選択肢、平時エンゲージメントの目的・ESG リスクの判断要素・方法についても説明している。

また、機関投資家が、投資先と ESG 投資における平時・有事のエンゲージメント（対話）を行うに際しては、①エンゲージメントにおいて共有・議論する情報に関する金融商品取引法（以下「金商法」という）上の規制と、②エンゲージメントにおける対話手法に関する金商法上の規制に留意する必要がある。第 2 章では、機関投資家は投資先に対して集団的なエンゲージメントを行うに際して、適切な対話手法をとることに留意する必要があることを明示し、それを一種のセーフハーバー的なものとして説明している。

3 第 3 章

第 3 章は、融資金融機関に対し、ESG に配慮した責任ある融資（ESG 融資）における審査や融資先企業との対話・支援のあり方を示すとともに、融資契約に盛り込むことを検討すべき ESG モデル条項も提示している。

ESG 融資は、石炭火力発電事業に対する融資の停止等（ダイベストメント）といったネガティブな観点からのものと、環境配慮型融資についての金利優遇制度、再生可能エネルギープロジェクトへの積極的な融資（数値目標設定等を含む）といったポジティブな観点からのものの双方がある。ESG 融資は、メガバンク等においては、赤道原則や、主に石炭火力発電への融資の引揚げ（ダイベストメント）の文脈で議論されることが多いが、地域金融機関においては、地域社会の人口減の中、地域企業の再生をめざすリレーションシッ

第1部　日弁連 ESG ガイダンス総論

プ・バンキングの観点からも重要な課題といえる。

　ESG 融資については、反社会的勢力への融資対応と同様、「入口
→中間管理→出口」での3段階に整理し、各段階での対応をするこ
とが必要である。また、上記3段階での対応を行うにあたり、金融
機関は、ESG 融資についての方針（ポリシー）・基準を策定・追加
し、適宜公表すべきである。既にメガバンク等を中心に、公表して
いるところがみられるが、具体的には、ESG 課題に対するポジ
ティブな影響を促進する基準とネガティブな影響を防止する基準の
双方を策定し、公表すべきである。

　そして、金融機関が融資の場面において、ESG に関連するポジ
ティブ／ネガティブな方針・基準を策定し、公表する方法として、
これらを契約条項として融資契約に組み込むことが挙げられる。こ
のような条項は、特に中間管理及び出口対策として不可欠である。
すなわち、このような「ESG 条項」は、融資先企業との対話（エン
ゲージメント）を促し、さらには契約を解消する根拠となるもので
ある。

　日弁連の本ガイダンス（手引き）が規定する ESG 条項は、あく
までも最大公約数的なモデル条項を定めたものであり、各金融機関
としては、既存の条項をもとに、各自の判断で策定することが想定
される。例えばプロジェクトファイナンスについては、資金使途
（対象プロジェクトの特定）、融資期間、適切な事業計画に基づく弁
済計画などの条項と関連付けることが想定される。なお、ESG 条
項の契約書や約款等への導入については、一律かつ同時期に行うこ
とは負担が大きいため、リスクベース・アプローチの考え方に基づ
き、リスクの大きいものから順次行ったり、個々の取引の内容やリ
スクに応じて条項の内容を工夫したりすることが想定される。ESG
条項の逐条解説は、本書の第2部第3章の解説箇所をご覧頂きた
い[6]。

18

第5　日弁連 ESG ガイダンスの法的性質

　日弁連の本ガイダンスは，企業・投資家・金融機関（以下「企業等」という）における現時点の ESG 関連リスクへの対応のあり方に関するグッドプラクティスを取りまとめたものであり、ガイドラインないし手引きとしての利用を想定していて、企業等を拘束するものではない。

　ESG 課題への対応については、企業等の規模、事業の内容、投融資の内容等の特性にもより異なるため、いわゆるプリンシプルベース・アプローチ（原則主義）が妥当する。企業等は、本ガイダンスに基づき対応を行わない場合にはその合理的な理由を説明することが期待されるという意味で、コンプライ・オア・エクスプレイン（従うか、そうでなければ従わない理由を説明するか）の手法を活用することも可能であり、有用な場面もあるものと想定される。

　なお、本ガイダンスは、ESG 関連リスクへの対応のために推奨する取組を「すべき」と表記した上で規定するが、物的・人的・経済的環境に応じて推奨するにとどまる取組に関しては「望ましい」と表記しており、かかる表記をベースに企業等が取組を行うことが期待されている。

（蔵元左近）

---

6)　鈴木仁史「ESG 融資の現状と課題——日弁連 ESG ガイダンスを踏まえて」金融法務事情 2103 号（2018 年）16 頁も参照されたい。

第2部

逐条解説

第1章 企業の非財務情報開示

はじめに

1 長期投資における ESG 投資の広がり

「第1部 日弁連 ESG ガイダンス総論」でも説明しているが、欧米各国において長期機関投資家において、環境上の問題（Environment）、社会的な問題（Social）及び企業統治の問題（Governance）（ESG）を投資分析に取り入れる議論が 2000 年代初めから展開されていた。そして、2006 年、投資にあたり ESG への配慮を求めることを内容とする責任投資原則（PRI）が策定された。同原則は、機関投資家が受託者としての責任を果たす上で、環境上の問題（Environment）、社会的な問題（Social）及び企業統治の問題（Governance）（ESG）に取り組むことを求めた。これにより、ESG 投資はより一層の広がりを見せることとなった。

そもそも、ESG 投資が、長期投資において広がりを見せるようになったのは、経済のグローバル化、欧米中・新興国の政治・経済政策の影響力拡大、AI、IoT など技術革新、産業生態系の変化、新たな競合の登場、環境問題による事業活動への影響が看過できないまで拡大といった環境変化を受けて、長期視点によるサステナブルな経営が求められるようになってきたからである。

わが国でも、2015 年 9 月には、世界最大の機関投資家でもあるわが国の年金積立金管理運用独立行政法人（GPIF）が、資産運用において ESG の取組に優れた企業へ投資を行う ESG 投資の推進の一

23

第 2 部　逐条解説

環として、PRI に署名したことを発表した。それ以来、わが国における ESG 投資は多面的かつ広範なものとなった。

　日弁連ガイダンスが対象にしているのは主にパッシブ運用を行う機関投資家であり、機関投資家がパッシブ投資の対象とするのは上場企業である。そのため、日弁連ガイダンスでも上場企業を念頭に記述している。もっとも、非上場会社においても、上場会社のサプライチェーンに加わった場合等において、自社の ESG 課題への取組への対話・開示が求められるようになってきていることから、日弁連ガイダンスも参考になると思われる。

2　ESG 情報開示を充実させることの重要性

　ESG 投資が多面的かつ広範なものとなっている中、企業が公表する ESG 情報が不十分なことから、ESG 活動に積極的に取り組んでいる企業であったとしても、機関投資家から適切な評価を受けず低い評価を受けるということが起こっているようである。

　具体的には、ESG 投資における投資手法は様々なものがある。これを大まかに分類すると、KPI 等に基づいて算出された ESG スコアを重視する方法と、重要な ESG 課題への取組状況について分析し企業価値評価を行う方法があるが、情報開示が不十分ではいずれの手法でも投資対象として足切りされる可能性が高い。そこで、企業にとっては、ESG 情報開示の充実と重要な ESG 課題への取組を説明できるようにしておくことが必要である。

　特に ESG スコアの観点からは、ESG 投資の評価対象となる項目について、開示をしていなければ ESG スコア上、全く評価されなくなる。この点、欧州においては、法定開示義務が定められ一定の項目の開示が強制されているが、わが国では非財務情報の法定開示は非常に脆弱である。また開示している項目について、各企業の ESG 課題への取組が具体的にわかるように記載することも重要であるが、わが国においてはどのような開示を行うべきかの標準的実

24

務は確立した状況とはなっていないといえるであろう。

したがって、わが国においては、ESG情報開示を充実させていく必要が高い状況にあるといえるであろう。

3　ESG情報として開示する情報

非財務情報も、投資家やその他のステークホルダーの意思決定に用いられる情報であることから、「正確」で「明瞭」な情報でなければならない。また、非財務情報を開示する企業が通常開示項目に入るような取組を行っていない場合には、取組を行っていない理由について、明確かつ根拠のある説明をすべきである。そこで、企業は開示される非財務情報の信頼性を確保するため、適切な体制を整備すべきであり、かかる非財務情報を開示する内部統制も整備すべきである。

また、開示対象となる非財務情報は、非定量的なものが多く、企業ごとに差異が大きく、開示内容を画一的に定めることはできないという特質を有する。そこで、国内外の官公庁・証券取引所等が公表するガイドラインを参照することが望ましいし、非財務情報の開示項目を決定するに当たっては、国際的な開示フレームワークを参照・依拠することも有用である。

公的なガイドラインや国際的な開示フレームワークを見てみると、非財務情報の開示項目には、①開示企業のビジネスモデル、②非財務分野に関する方針及び採用しているリスク評価の手続・基準、③方針及びリスク評価の実施結果、④重要なリスクに対する対処状況、⑤採用している重要成果評価指標（KPI）を含めるべきであるといえよう。加えて、企業が開示する非財務情報は、少なくとも、①人権擁護への取組、②労働問題への取組、③環境問題への取組、④腐敗防止への取組、⑤サプライチェーンに対する取組、⑥コーポレート・ガバナンス強化への取組を含むものであるべきである。

本章では、かかる開示項目に加え開示方法等についても解説して

第2部　逐条解説

いきたい。

第1節　総論

第1条　非財務情報開示の目的

> **第1条　非財務情報開示の目的**
>
> 　非財務情報は、持続的成長のある経済、環境及び社会を達成するために貢献している企業に投資家が長期的な目線で投資を行うために必要な情報である。そして、当該企業が持続的成長のある経済、環境及び社会に貢献する成果を提供する好循環をつくり上げるためにも、投資家にとって、企業の非財務情報が外部に公開されていることが望ましい。
>
> 　もっとも、非財務情報は投資家にとどまらず、企業のステークホルダー、消費者及び企業活動により人権侵害を受ける可能性のある者にとっても必要な情報である。
>
> 　従って、企業は、多様な利用者の利用目的に適合した項目及び内容の情報を提供すべきである。

　非財務情報開示の目的は、長期投資を行う投資家が長期的な目線で投資を行うことに加え、その他の企業のステークホルダーにとっての必要な情報を提供することである。

　非財務情報という用語には、現時点では共通の理解はなく、一般に認められた定義もあるとはいえず、様々な使われ方がしている。例えば、「国際コーポレート・ガバナンス・ネットワーク（International Corporate Governance Network, ICGN）」は「非財務報告は、企業が行う強制開示、任意開示の双方を含む幅広い用語である[1]。株主や投資家からみると、財務諸表とは別であり、投資意思決定に関連する重要な情報である」としている[2]。日弁連ガイダンスでは、ESGリスクに係る非財務情報の開示について取り上げている。

26

第1章　企業の非財務情報開示

　日本には、欧米のように、非財務情報の開示を義務付ける法律は現在のところ存在しない。

　しかし、コーポレートガバナンス・コード（以下「CG コード」という）第2章の原則2－3は、「社会・環境問題をはじめとするサステナビリティ（持続可能性）を巡る課題」への適切な対応を要求し、補充原則2－3①は、「取締役会は、サステナビリティ（持続可能性）を巡る課題への対応は重要なリスク管理の一部であると認識し、適確に対処する」ことを要求している。また、2018年6月のCG コード改訂では、第3章の考え方において、企業に開示が推奨される非財務情報にいわゆる ESG 要素に関する情報が含まれることが明確化されている。

　また、経済産業省「価値協創ガイダンス」3－05も、「企業は自社の中長期的な企業価値やビジネスモデルの持続性に影響を与える、あるいは事業の存続そのものに対するリスクとして、どのような ESG の社会・環境要素を特定しているか、その影響をどのように認識しているかを示すべきである。また、そのようなリスクへの対応や事業機会につなげるための取組について……示すことも有益である。」と提示している。

　このように、非財務情報は、企業にとっても、機関投資家といっ

---

1)　一般社団法人企業活力研究所「新時代の非財務情報開示のあり方に関する調査研究報告書～多様なステークホルダーとのより良い関係構築に向けて～」（2018年3月）によれば、例えば、「財務報告（有価証券報告書やアニュアルレポート）内の財務諸表以外の情報」「サステナビリティ情報（CSR 報告書等で開示されている環境・社会面に関連する情報）」「ガバナンス情報（内部統制報告書、コーポレートガバナンス報告書等の情報）」「経営理念・経営ビジョンや中期経営計画といった経営の方針に関する情報・ビジネスモデルや経営戦略に関する情報」「無形資産（ブランド、特許、人的資本等）に関する情報」が含まれるとしている。

2)　ロバート・G・エクレス＝マイケル・P・クルス著、ワンレポート日本語版委員会訳『ワンレポート――統合報告が開く持続可能な社会と企業』（東洋経済新報社、2012年）73頁。

27

第2部　逐条解説

たステークホルダーにとっても重要な情報である。そして、企業から様々なステークホルダーに適切な非財務情報が開示されることにより、企業とステークホルダーの建設的な対話がなされると考えられる。そうでなければ、企業は自社の活動の適切な理解が得られず、またステークホルダーにとってみれば、適切な判断ができなくなってしまうからである。

　したがって、企業は、多様な利用者の利用目的に適合した項目及び内容の情報を提供すべきである。

第2条　開示される非財務情報の正確性の確保

第2条　開示される非財務情報の正確性の確保
　(1)　真実な報告
　　　企業が公表する非財務情報は、真実な報告を提供すべきである。また、企業が公表する非財務情報のうち、定量的な情報は証憑に基づくものであるべきである。
　(2)　明瞭な報告
　　　ホームページや適時開示書類、事業報告書、有価証券報告書、コーポレート・ガバナンスに関する報告書、CSR報告書・統合報告書等各種開示媒体によって、ステークホルダーに対し必要な事実を平易かつ一貫した言語を用いて明瞭に表示し、企業の状況に関する判断を誤らせないようにすべきである。また、開示項目に関し、非財務情報の利用者の意思決定に重要な影響を与える事実については、適切に開示を行うべきである。
　(3)　遵守又は説明アプローチ
　　　第4条第2項、第3項及び第5条から第10条に規定する項目については、非財務情報を開示する企業が開示可能な取組を行っていない場合には、取組を行っていない理由について、明確かつ根拠のある説明をすべきである。また、相応な場合には、年次財務諸表において報告された数字の参照及び追加の説明も含めるべき

第 1 章　企業の非財務情報開示

である。

1　非財務情報の正確性・明瞭性

　非財務情報も、投資家やその他のステークホルダーの意思決定に用いられる情報であることから、「正確」で「明瞭」な情報でなければならない。

　また、非財務情報を開示する企業が開示可能な取組を行っていない場合には、取組を行っていない理由について、明確かつ根拠のある説明をすべきである。この説明においては、重要性の観点から企業の取組について開示することも考えられる。また、相応な場合には、年次財務諸表において報告された数字の参照及び追加の説明も含めるべきである。なお、財務情報と非財務情報の統合的な開示を目指すフレームワークとして、統合報告書があるが、統合報告書については後ほど触れる。

2　開示している活動の開示例

　この点、重要性によるマテリアリティや ESG への取組と企業価値の関係を示したものとして、味の素株式会社の開示例があるので紹介する。

(1)　取り組む活動の重要性についての開示例[3]

　味の素グループでは、マテリアリティ（重要課題）マッピングを示していて、味の素グループが直面している重要課題について、マッピングを示している。このように、ビジュアル的に重要課題を示すことは、ESG 情報を受け取り、読み解く側にとって、情報の理解を深めることに役立つものであると考えられる。

---

3)　https://www.ajinomoto.com/jp/ir/esg/thinking.html

29

第 2 部　逐条解説

図表 2-1-1　重要課題開示例

味の素グループが抽出・整理したマテリアリティ（重要課題）マッピング

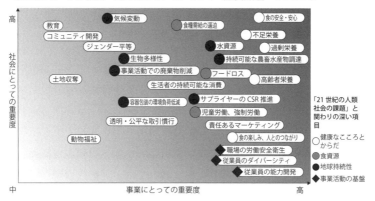

図表 2-1-2　ESG と企業価値の関係開示例

事業活動と社会価値・経済価値のつながり

4つの価値創造ストーリーに紐づく事業活動による社会課題の解決が、味の素グループにとっての経済価値へとつながっていきます。このように社会価値・経済価値を創造することによって、その統合価値とも言えるコーポレートブランドを価値を蓄積し、それをさらなるサステナブルな価値創出の循環へとつなげることで、「確かなグローバル・スペシャリティ・カンパニー」を目指します。

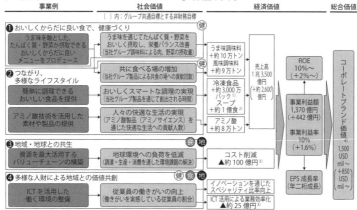

4)　https://www.ajinomoto.com/jp/ir/strategy/managementplan.html

（2） ESGへの取組と企業価値の関係の開示例[4]

　次に、同じく味の素グループが開示している事業活動と社会価値・経済価値のつながりについて紹介する。ESG活動が企業価値にどのように結びついているかという点を明らかにすることは、特に長期投資家の理解を得るために重要である。ESG活動と企業価値向上、企業の持続可能性の向上とのつながりは、企業ごとに異なるものであり、企業外部のステークホルダーからは分かりにくい点もあるため、分かりやすい開示が求められる分野といえるであろう。

3　重要な情報の開示

　企業がバリューチェーンの主要な構成要素を徹底的に理解することは、重要な問題を特定し、情報を重要なものにしているかどうかを評価するのに役立つ。EU開示指令（2013/34/EU。以下「EU指令」という）の2（16）は、重要な情報を「その省略又は虚偽表示が、企業の財務諸表に基づいて利用者が行う決定に影響を与えると合理的に予想される情報の状態」と定義している。個別項目の重要性は、他の類似項目との関連で評価されるものとする。

　EU指令は、非財務情報の重要性を評価する際に考慮すべき新たな要素を導入し、「（会社の）活動の影響を理解するために必要な範囲で」情報を参照する。

　EU指令の前文8は、「本指令の対象となる事業者は、重大な影響の主要なリスクの具体化をもたらす可能性が最も高いと見なされる事項に関連して、適切な情報を提供すべきである」と述べている。

　企業活動の与える影響は、非財務情報開示を行う際に考慮すべき事項である。開示は、明確かつバランスのとれた方法で行われるべきである。非財務情報は、関連する利害関係者が必要とする情報に対する企業の公正な見解を反映することが期待される。

　非財務情報は、企業のビジネスモデルに即して重要な情報が開示されなくてはならない。非財務情報に含めるために考慮すべき問題

第 2 部　逐条解説

は、会社の置かれている状況により異なるため、これを考慮する必要がある。同じ産業セクター内の企業は、例えば、製品やサービスを生産するために利用する資源や、それらが人々、社会、環境に与える影響、環境、社会、ガバナンス上の課題を共有する可能性が高い。したがって、同じ産業セクターの企業間では比較可能な非財務情報を開示することが望ましい。

　企業は、どの情報が重要であるかを、その情報が企業の開発、パフォーマンス、地位、及び影響を理解する上でどの程度重要であるかを分析することに基づいて評価する。この重要性評価では、内部要因と外部要因を考慮に入れるべきである。

　情報の重要性を評価する際には、多くの要因を考慮することになると思われるが、一般的には「ビジネスモデル・戦略・主要リスク」「利害関係者の関心と期待」「公共政策と規制の推進力」といった点を考慮することが必要となるであろう。

　ここで、「ビジネスモデル、戦略、主要リスク」の側面からは、企業の目標、戦略、マネジメント・アプローチ、システム、価値観、有形・無形の資産、バリューチェーン、主要なリスクを検討する。

　個別企業の課題は、同じセクターで事業を展開している他の企業にとっても、サプライチェーンにとっても、同様の課題が重要である可能性が高い。競合他社、顧客、サプライヤーによって既に特定されているトピックは、関連する可能性が高いため、自社も開示を考えるべきであろう。

　次に、「利害関係者の関心と期待」の側面からは、企業は、このようなステークホルダーとのかかわりを持ち、自らの利益や懸念を十分に理解してもらうことが求められているかといった点を検討する。

　活動の影響を考えるにあたり、企業は、影響の実際の重大性と潜在的な重大性と頻度を考慮することが期待される。これには、製品、サービス、及びそれらの取引関係（サプライチェーンの側面を含む）

の影響が含まれる。

そして、「公共政策と規制の推進力」の側面からは、公的な政策や規制が、企業の特定の状況に影響を及ぼし、重要性に影響を及ぼす可能性があるかといった点を検討する。

重要性をどのように考え、開示項目を決定したかはステークホルダーにとっても重要な関心事項と考えられるから、企業は、重要性評価を実施するために使用されるガバナンスの取決めとプロセスについて説明することを検討すべきであろう（第4条を参照のこと）。

重要性評価は、報告された事項が引き続き重要であることを確認するため、定期的に見直すべきである。この見直しは、事業環境の変化が激しい企業やセクター、あるいはデュー・ディリジェンスを含む事業モデルや経営方針の変更や調整を頻繁に行う企業では、高い頻度で行う必要があるであろう。しかし、事業環境が安定している企業では見直しの頻度は相対的に低くてもよい場合もあると思われる。

4 明瞭な報告

非財務情報は、企業にとって有利な情報だけでなく不利な情報も公正に取り扱われるべきであり、情報は偏りのない方法で評価され、開示されるべきである。すなわち、企業にとって不利な情報であっても重要なものであればステークホルダーに対して開示されるべきである。

非財務情報では、関連する利害関係者の情報ニーズを考慮に入れて、利用可能で信頼できるすべてのインプットを考慮すべきである。情報の利用者に対して、重大な虚偽表示、重要な情報の省略、重要でない情報の開示等により誤解を招くことがあってはならない。

したがって、非財務情報は、事実と見解又は解釈とを明確に区別すべきである。

また、非財務情報は、例えば、以下のような内部統制を構築する

第2部　逐条解説

ことで、より公平で正確なものとすることができることを考慮すべきであろう（第3条も参照のこと）

> 適切なコーポレート・ガバナンス体制（例えば、一定の独立した取締役や、持続可能性や透明性に関する責任を委任された取締役会委員会）、
> 強固で信頼できる証拠、内部統制および報告システム、
> 効果的なステークホルダーの参画、
> 第三者による保証。

　また、情報は、わかりやすい言葉と一貫した用語を使用し、定型文言を避け、必要に応じて専門用語の定義を分かりやすく提供することにより、より理解しやすい情報を提供すべきである。

　重要な情報は、理解しやすくするために適切なストーリーの下で開示されるべきである。例えば、目標達成度は、企業の戦略やより広範な目標とあわせて開示するという工夫が考えられる。企業には、非財務の問題が長期的な戦略、主要なリスク、政策とどのように関連しているかを記載することが求められている。企業は、開示された情報の範囲と境界を説明しなければならない。特に、特定の情報がそのセグメントの1つ又は複数にのみ関連する場合、又は特定のセグメントを除外する場合には、その理由を説明しなければならない（前述の、味の素グループの開示などを参照）。

　また、測定方法、基礎となる仮定及び情報源など、開示された情報の重要な開示方針を説明することによって、理解可能性を高めることができる。したがって、注記などでの開示でもよいので、これらの事項について明示することで情報の信頼性や理解可能性を高める工夫が求められる。

　非財務情報は、単にKPIのリストのみを提供するだけではない。企業の発展、業績、地位、影響を適切に把握するためには、定性的なものだけではなく、定量的な情報を開示する必要がある。定量的な情報は、非財務の課題（KPI、目標など）の報告には有効であるが、

第 1 章　企業の非財務情報開示

定性的な情報はストーリーを提供し、非財務情報をより有用かつ理解しやすくする。定性的な報告、定量的な情報、視覚的なプレゼンテーションを組み合わせることでコミュニケーションがより効果的で透明性の高いものになる。この点、海外の上場企業や日本におけるESG情報開示の先進企業では、分かりやすい図表や文書での説明、ウェブ上での動画等を利用した情報開示などが進んでおり、参考になる。

　日本企業でも海外の機関投資家からの投資が増え、また日本企業の活動がグローバル化していく中で、企業のステークホルダーも海外に存在していることも多い。そこで、日本語に加えて、英語その他の外国語で情報を開示することは、企業の透明性を向上させ、関連する投資家やその他のステークホルダーが情報をより利用しやすいものにすることにつながると考えられる。

第 3 条　非財務情報の信頼性を確保するための体制の整備

> **第 3 条　非財務情報の信頼性を確保するための体制の整備**
> 　企業は開示される非財務情報の信頼性を確保するため、以下のような体制を整備すべきである。
> ⑴　開示する非財務情報の信頼性を確保するための内部統制制度
> ⑵　開示後の非財務情報に関してステークホルダーとエンゲージメント（対話）を実施するための仕組み
> ⑶　企業が公表する非財務情報のうち年次で行われる報告書について、非財務情報開示業務に関与していない者の検証を受け、記載内容の客観性を担保する体制。この体制には、社外者のみで検証をする場合の他、社外役員で構成された諮問委員会等が含まれる。

1　非財務情報の信頼性を確保するための内部統制制度

非財務情報も、財務情報と同様、企業内の情報を記録し、集計し、

35

第2部　逐条解説

開示媒体を作成するというプロセスを経て情報開示される。この開示される情報は、正確で、明瞭な比較可能な情報であり、投資家等のステークホルダーにとって利用可能なものでなければならない。そのため、非財務情報の開示に当たっては、非財務情報の信頼性を確保するための体制の構築が必要である。

　日弁連ガイダンス第1章第3条は、開示される非財務情報の信頼性を確保するための体制として、企業に対し、以下のような体制の整備を推奨している。

(1)　開示する非財務情報の信頼性を確保するための内部統制制度

(2)　開示後の非財務情報に関してステークホルダーとエンゲージメント（対話）を実施するための仕組み

(3)　企業が公表する非財務情報のうち年次で行われる報告書について、非財務情報開示業務に関与していない者の検証を受け、記載内容の客観性を担保する体制。この体制には、社外者のみで検証をする場合の他、社外役員で構成された諮問委員会等が含まれる。

　以上のように開示する非財務情報の信頼性を確保するために、ESG関連リスクを評価し、これに対応するための内部統制制度の構築が非常に重要となる。このようなESG関連リスク管理に当たっては、人権デュー・ディリジェンスの実施も有用である。

2　ステークホルダーとエンゲージメントを実施するための仕組み

　GPIFは、PRIに署名している。そして、GPIFは、投資の意思決定においてESG情報を考慮したエンゲージメント活動を重視することとしている。

　ここで、GPIFが公表している、国連投資原則のうち、ESGに言及している課題1から3への取組方針を見てみよう[5]。

第1章　企業の非財務情報開示

（国連責任投資原則）

1　私たちは、投資分析と意思決定のプロセス に ESG の課題を組み込みます。

2　私たちは、活動的な（株式）所有者になり、（株式の）所有方針と（株式の）所有慣習に ESG 問題を組み入れます。

（GPIF における取組方針）

・運用受託機関（国内株式、外国株式）におけるエンゲージメント活動における ESG の適切な考慮について評価することを業務方針に明記し、公表する。

・公表している「スチュワードシップ責任を果たすための方針」を変更し、ESG の適切な考慮を明記する。（注）GPIF は法令により株式の直接保有ができないため、運用受託機関を通じて ESG に取り組むこととする。

（国連責任投資原則）

3　私たちは、投資対象の主体に対して ESG の課題について適切な開示を求めます。

（GPIF における取組方針）

・運用受託機関が行うエンゲージメント活動の中で、投資先企業における ESG の課題への対応方針について説明を求める。

3　非財務情報についての第三者検証

　上場企業や大会社の財務諸表、計算書類には公認会計士、監査法人の監査がなされ、監査報告書が株主等のステークホルダーに提供されている。

　非財務情報については、財務諸表、計算書類のような法定の監査制度はない。しかし、CSR 報告書やサステナビリティ報告書に第三者意見等が付されている事例が増えている。この第三者意見には、巻末に報告書の情報内容の正確性について言及するものと CSR 活

5）　https://www.gpif.go.jp/investment/pdf/signatory-UN-PRI.pdf

第2部　逐条解説

動についてのコメントが記載されているのもがある。第三者意見に当たっては、活動に言及することも有益であるが、それと合わせてKPI等の定量情報についても一定の言及がなされた方がステークホルダーにとっては有益であると考えられる。

第2節　非財務情報の開示内容

第4条　開示対象となる非財務情報

> **第4条　開示対象となる非財務情報**
>
> (1)　基本的な考え方
>
> 　　非財務情報の開示項目は、開示する企業の経営者が、当該企業を取り巻く多様な情報利用者の意思決定に有用な情報を識別・判断して決定すべきである。これは、非財務情報は非定量的なものが多く、企業ごとに差異が大きいという特徴があり、開示内容を画一的に定めることはできないためである。
>
> 　　しかしながら、非財務情報利用者の利用目的に合致し、他の企業との比較可能性のある情報を提供することが重要であるから、企業の経営者が開示対象を決定する際には、国内外の官公庁・証券取引所等が公表するガイドラインを参照することが望ましい。なお、非財務情報の開示項目を決定するに当たっては、国際的な開示フレームワークを参照・依拠することも有用である。

1　非財務情報開示の特性

　財務情報と違い非財務情報については、企業情報開示の歴史が浅く、一般に公正妥当な開示基準・慣行が確立したとはまだ言えない状況にある。しかしながら、投資家は比較可能な ESG 情報が必要であり、企業としても投資家等のステークホルダーの要求に合致した ESG 情報を開示することが期待されている。

　この点、海外では官公庁や証券取引所等が非財務情報の開示ルール、ガイドラインを定めている場合がある。また、いくつかの団体

38

第 1 章 企業の非財務情報開示

から非財務情報開示についての国際的な枠組みが提示され、企業が情報開示をする際に、かかる枠組みに基づいている旨を開示している例もある。法規範や上場規則によって開示ルールを定めている国においても、国際的な枠組みの利用を認めている場合もあり、国際的な枠組みは非財務情報の開示において重要な役割を果たすようになってきている。したがって、非財務情報開示について検討する際は、これらのガイドラインや開示ルールが参考になる。

2 非財務情報の比較可能性

国際的な枠組みが非財務情報の開示に重要な役割を果たすとはいえ、非財務情報開示については、一般に公正妥当な開示基準や慣行が確立しておらず、非財務情報の開示は各社の工夫に任せられている状態にある。

一方、機関投資家の投資判断といった、ステークホルダーの意思決定に非財務情報の与える影響は高まっている。

例えば、PRI の署名数は、欧米諸国を中心に増加している[6]。

図表 2-1-3 PRI 署名数

地域	署名数	伸び率
北米	456	10%
ヨーロッパ	1022	10%
アジア	130	29%
南米	68	10%
アフリカ	68	8%
中東	9	13%
オセアニア	152	12%

6) PRI2018 アニュアル・レポート参照（https://www.unpri.org/annual-report-2018）。

第2部　逐条解説

　また、サステナブル投資残高は、図表 2-1-4 に示されるように巨
額となっている。これは、日本の個人金融資産 1,700 兆円（約
＄15,455（10 億））を大幅に上回るものであり、サステナブル投資が
世界の投資に占める重要性が理解できる。

図表 2-1-4　サステナブル投資残高

地域	金額（10 億）
北米（アメリカ＋カナダ）	＄9,809
ヨーロッパ	＄12,040
オーストラリア／ニュージーランド	＄516
アジア（日本以外）	＄52
日本	＄474

3　国内外の官公庁・証券取引所等が公表するガイドライン

　ここで、国内外の官公庁・証券取引所等が公表するガイドライン
について、具体的に見ていこう。

　このようなガイドラインには、欧州委員会の Guidelines on non-
financial reporting（2017/C 215/01）、香港証券取引所上場規則の中
の ESG（環境・社会・ガバナンス）報告ガイド、ロンドン証券取引
所グループ "Your guide to ESG reporting"、国連の持続可能な証券
取引所イニシアチブ（SSE）の "MODEL GUIDANCE ON
REPORTING　ESG INFORMATION　TO INVESTORS" などがあ
る。

　また、いくつかの団体から非財務情報開示についての国際的な枠
組みが提示され、企業が情報開示をする際に、かかる枠組みに基づ
いている旨を開示している例もある。具体的には、Global
Reporting Initiative（GRI）、International Integrated Reporting

40

第 1 章　企業の非財務情報開示

Council（IIRC）、Sustainability Accounting Standards Board（SASB）、気候関連財務情報開示タスクフォース（Task Force on Climate-related Financial Disclosures：TCFD）といったものがある。

　ここで、国際的な枠組みの例として、PRI の参考実施例の中でも挙げられている、GRI スタンダード の構成についてみてみよう。

　GRI スタンダードは、共通スタンダードと項目別のスタンダードから構成されている。

　共通スタンダードでは、GRI スタンダードに準拠する報告書策定に関する基本方針が記載されており、報告対象者、重要性、基本原則（正確性、バランス、明瞭性、比較可能性、信頼性、適時性）などが定められている。

　一方、項目別スタンダードでは、指定された項目別に情報提供基準を定めている。そして、各項目とも報告が要求される「報告要求事項」と報告するのが望ましい「報告推奨事項」に分けて定められている。

　なお、GRI スタンダードでは、全体的な開示事項は、非財務情報が開示内容を画一的に定めることが困難な情報であることに鑑み、各企業が自らの重要課題に基づいて記載することが望ましく、重要でない項目については開示しないことも考えられるとされている。

　GRI スタンダードは、分冊形式になっており、分量も多いため、非財務情報開示について経験のない利用者にとっては、分かりにくい面もある。一方、日弁連ガイダンスは、以下の通り、各国のルールや国際的な枠組みをふまえつつも、簡潔に非財務情報開示のガイドラインを記載している。そのため、これから非財務情報に取り組もうとする企業とっては利便性が高いであろう。日弁連ガイダンスで開示のポイントを押さえ、さらに詳細に非財務情報を開示する際に、GRI のような開示フレームワークにも参照・依拠するといった対応も有用である。

41

第2部　逐条解説

第4条　開示対象となる非財務情報

(2)　開示の項目

　　非財務情報の開示項目には以下の内容を含めるべきである。な
お、具体的な開示事項は、非財務情報が開示内容を画一的に定め
ることが困難な情報であることに鑑み、各企業が自らの重要課題
に基づいて記載することが望ましい。

①　開示企業のビジネスモデル

②　非財務分野に関する方針及び採用しているリスク評価の手
　　続・基準

③　方針及びリスク評価の実施結果

④　重要なリスクに対する対処状況

⑤　採用している重要成果評価指標（KPI）

1　①開示企業のビジネスモデル

　非財務情報には企業のビジネスモデルの簡単な説明が含まれるべ
きである。

　企業のビジネスモデルには、企業が製品やサービスを通じて長期
的に価値を生み出し、それも維持する仕組である。ビジネスモデル
は、より単純な言い方をすれば、企業は何をしているのか、どのよ
うにして何をしているのか、なぜそれをしているのか、ということ
である。

　企業は、ビジネスモデルを説明する際に、次の事項に関する適切
な開示を考慮することが望ましい。

・事業環境

・組織と構造

・事業を行う市場

・彼らの目的と戦略、そして彼らの将来の発展に影響を与えるお
　もな傾向と要因

企業は、KPI を用いて自社のビジネスモデルや主なトレンドなど

第1章　企業の非財務情報開示

を説明することを検討すべきである。

　こうしたことを考慮して、企業は、自らのビジネスモデルを明確で理解可能かつ事実に基づいて説明することが求められている。

2　②非財務情報に関する方針、リスク評価の手法・基準、③方針及びリスク評価の実施結果

　企業は、非財務情報に関する方針、リスク評価の手法・基準、及びリスク評価の結果を開示すべきである。

　ESGリスク評価として日本でもデュー・ディリジェンスを実施している例が徐々に増えてきているが、非財務情報には企業が実施したデュー・ディリジェンス・プロセスを含む、これらの事項に関連して遂行した方針の説明が含まれるべきである。

　まず、企業は、ステークホルダーが、企業の方針を公正に見極めるため非財務情報に関する方針を開示すべきである。すなわち企業の主要な非財務的側面へのアプローチ、主要な目的、及びそれらの目的を達成するためにどのような計画を策定しているかについて開示を検討すべきである。

　また、こうした開示には、会社の置かれている状況を考慮に入れたものとなっているはずである。したがって、これらの開示において、企業は、経営陣と取締役会の責任と意思決定、及び資源配分が目標、リスク管理、及び結果とどのように関連しているかを説明することが理解が深まると思われる。

　例えば、企業は取締役会の監督を含め、関連するガバナンスの側面を説明することが考えられる。

　次に、企業はリスク評価の手法・基準を開示すべきである。例えば、リスク評価として、デュー・ディリジェンスを行っている企業であれば、企業はこのようなデュー・ディリジェンス・プロセスを実施し、具体的な目標（例えば、炭素排出量が一定レベル以下であること、またはサプライチェーンが人身取引を行わないこと）に照らして

43

第 2 部　逐条解説

的確な実施がなされているかを開示すべきである。それらは、既存の及び潜在的な悪影響を特定し、防止し、緩和するのに役立つ。

このデュー・ディリジェンス・プロセスの開示に際して、サプライヤー及び下請取引チェーンを含めたデュー・ディリジェンスを実施しているのであれば、実施されたデュー・ディリジェンス・プロセスに関する重要な開示を提供すべきである。また、それらを設計するためにとられた決定、及びそのデュー・ディリジェンス・プロセスがどのように機能することを意図しているか、特に悪影響の防止及び緩和に関して、適切な情報を開示することも検討すると、より良いと考えられる。企業はまた、目標の設定と進捗の測定に関する関連情報の開示を検討することも有益であろう。

ここで、いくつかの部門に関する OECD ガイダンス文書、ビジネス及び人権に関する国連ガイダンス原則、多国籍企業及び社会政策に関する原則の三者宣言、又は ISO26000 は、このことに関する有用なガイダンスを提供しており参考になる。

企業は、報告年度における主要な方針及びデュー・ディリジェンス・プロセスの重要な変更があった場合には、これを十分に説明することが期待されている。

ところで、企業が、重要と考えている特定の事柄についての方針を策定していないこともあり得る。この場合、当該企業は、方針を策定しなかったことについて、明確かつ合理的な説明をしなければならない。非財務情報においては、企業が 1 つ又は複数の重要な項目に関連する対応策を行わない場合、そうしないことについて明確かつ合理的な説明を提供しなければならない。

そして、非財務情報には方針及びリスク評価の実施結果が含まれていなければならない。

企業が開示する非財務情報は、投資家やその他のステークホルダーが企業の業績を理解し、監視するのに役立たなければ意味がない。

44

第1章 企業の非財務情報開示

したがって、方針の結果に関する関連する開示は、会社の強みと
ESGリスクに対する脆弱性に関する情報をいずれも提供し、ス
テークホルダーにとって有益な情報を提供するように努めなければ
ならない。ここで、非財務情報は、企業の業務及び活動の結果を包
括的かつ簡潔に反映しなければならない。すなわち、企業全体の
ESG活動の方針、リスク評価手続、結果について簡潔明瞭に報告
するものでなくてはならない。

　企業成果の分析には、関連する非財務KPIを含めるべきである。
企業は、進捗状況を監視・評価し、企業やセクター間の比較可能性
を支援する上で最も有用と考えるKPIを開示することが求められ
ている。企業はまた、適切な場合には、目標とベンチマークに関し
て、この情報を提示し、説明することも検討することができる。
KPIについては後述する。

3　④重要なリスクに対する対処状況

　財務諸表開示における重要性と異なり、非財務情報の重要性（マ
テリアリティ）をどのように考えるかは、企業ごとの個別性が高く、
難しい問題である。

　この点、GRIは、重要性について「マテリアルな項目とは、組織
が経済、環境、社会に与える著しいインパクトを反映する項目、ス
テークホルダーの評価や意思決定に対して実質的に影響を及ぼす項
目である。」（GRIスタンダード開示事項103-1）として、マテリアリ
ティを「経済、環境、社会に与える著しいインパクト」を基準に考
えることを求めている[7]。

　したがって、非財務情報には、事業活動に関連する事項で経済、
環境、社会に与える著しいインパクト、主要なリスクや、それらの
リスクをどのように管理しているかが含まれなくてはならない。

　企業は、主なリスク、それらの管理及びリスク緩和方法に関する
情報を開示すべきで、これらのリスクについては、事業活動、製品

45

第 2 部　逐条解説

やサービス、サプライチェーンや取引関係、あるいはその他の側面
を検討することが考えられる。そして、企業は、主要なリスクがど
のように企業のビジネスモデル、業務、財務パフォーマンス、及び
活動に影響を与えるかを説明することが期待されている。企業は、
主要なリスクに関する重要な情報を開示し、そのリスクを特定・評
価するためのプロセスを説明することが求められていることを考慮
すべきである。情報開示は、関連性があり、かつ、一定の重要性を
有している場合には、サプライチェーン及び下請取引チェーンに関
する重要な情報を含むべきである。また、企業が主要なリスクをど
のように管理し、軽減するかについての重要な情報も含めるべきで
ある。企業は、報告年中に、主要なリスクやその管理方法に重大な
変更があった場合には、それを明らかにし、説明することが望まし
い。

4　⑤採用している重要成果評価指標（KPI）

　非財務情報には特定の事業に関連する非財務的主要業績指標を含
む情報が含まれていなければならない。すなわち、非財務情報には、
主要業績指標（KPI）と一般に呼ばれる重要な記述と指標に基づく
開示が含まれるべきである。
　企業は、その具体的な状況を考慮して有用な KPI を報告するこ
とが期待される。KPI は、会社が実際に使用している測定基準と整
合性がとれていなければならない。これは、開示をより適切かつ有

---

7)　このほか、主要な国際的ガイドラインは重要性についての各々の定義を
　行っている。例えば、IIRC は「統合報告書は、組織の短・中・長期の価値創
　造能力に実質的な影響を与える事象に関する情報を開示する」とし、SASB
　は 5factor テスト（factor1：財務面での影響とリスク、factor2：法、規制、政
　策的要因、factor3：産業規範 / 競争優位性に関するテーマ、factor4：ステー
　クホルダーの意向や社会傾向、factor5：イノベーションへの機会）と各産業
　における 3 つのバリュードライバ（売上とコスト、資産と負債、資本コスト）
　を考慮することとしている。

46

第 1 章　企業の非財務情報開示

用にし、透明性を向上させる。もっとも、質が高く、広く認知されている KPI（例えば、セクターで広く使用されている測定指標や特定のテーマ別の問題に使用されている測定指標）を開示することは、比較可能性、特に同じセクターやバリューチェーン内の企業の比較可能性を向上させることから、他社（特に同一セクターの企業）と比較可能性を持つ KPI を開示することが望まれる。企業は、投資家をはじめとするステークホルダーの実情や情報ニーズをふまえ、一般的、部門別、企業別の KPI を活用し、公平かつバランスのとれた視点を提供することが求められている。

　情報の利用者は、進捗の測定、時系列での推移のチェック、比較を実施すると考えられるが、定量的な情報は、かかる分析に役立ち企業が提供する情報価値を高めるものである。KPI の適切な説明は、非財務情報をより理解するのに役立つ。

　また、KPI は定性的情報と定量的情報を結びつけ、関連性を構築するための有効なツールであると考えられている。KPI は、企業が簡潔かつ効果的にバランスのとれた総合的な視点を提供することを可能にするものである。

　KPI は、企業の時系列の目標達成度の進捗や企業の傾向について情報提供するため、原則として、ある報告期間から次の報告期間まで一貫して継続的に使用されるべきである。もちろん、報告された KPI は、ビジネス上又は技術上の理由から、時間の経過とともに進化する可能性があり、開示される KPI が変更される場合もあり得る。このような場合、企業は KPI が変化した理由についての説明を開示しなければならない。開示する KPI について変更を加えたときは、必要に応じて過去の情報を遡及して修正した情報を開示するなどして、KPI の変更の効果を明確かつ効果的に説明することを検討してもよい。

　企業が KPI 算定のための、データの収集、方法論、及び依拠される枠組みについて開示することがステークホルダーの理解のため

47

第2部　逐条解説

に有益である。また、開示された KPI の分析を提供し、例えば、なぜ KPI が報告年に増加または減少したのか、そして KPI が将来どのように進化するのかを開示書類内で定性的に説明することでステークホルダーの理解を高めることができるだろう。

　さらに、企業は、KPI を、目標、過去の実績、必要に応じて他社との比較という文脈で開示することができる。

第4条　開示対象となる非財務情報

　(3)　具体的な開示分野

　　　企業が開示する非財務情報は、少なくとも以下の分野についての非財務情報を含むものであるべきである。なお、具体的な開示事項は、非財務情報が開示内容を画一的に定めることが困難な情報であることに鑑み、各企業が自らの重要課題に基づいて記載することが望ましい。

　①　人権擁護への取組

　②　労働問題への取組

　③　環境問題への取組

　④　腐敗防止への取組

　⑤　サプライチェーンに対する取組

　⑥　コーポレート・ガバナンス強化への取組

1　非財務情報の開示分野

　非財務情報の開示では、企業の発展、業績、地位、活動の影響についてバランスのとれた包括的な見解を提供するものでなければならない。

　この点、EU 指令第1条では、「最低限、環境、社会及び従業員の問題、人権の尊重、腐敗防止及び贈収賄問題に関する企業の発展、業績、地位及び活動の影響を理解するために必要な範囲の情報を含む非財務情報を経営報告書に含めるものとする」と規定されている。

48

第 1 章　企業の非財務情報開示

　一方、ある状況では、企業は差し迫った進展や交渉中の事柄に関する詳細な情報を開示することは重大な不利益になると考えるかもしれない。しかし、そのような状況下でも重大な不利益とならない要約された情報を開示することは、全体的な透明性目標の達成に向けて有益であろう。EU 指令第 1 条は、「加盟国は、交渉の過程における差し迫った進展又は事項に関する情報を、例外的な場合、……当該情報の開示が企業の商業的地位を著しく損なうことになる場合には、除外することを認めることができる。」と規定している。

　開示される非財務情報のテーマは、しばしば相互に関連している。例えば、企業の事業、製品又はサプライチェーンに関連する環境問題は、消費者、従業員又はサプライヤーの安全、健康、あるいはブランドの評判にも影響を及ぼす可能性がある。企業は、問題のすべての関連する側面を包含する、明瞭、公平かつ包括的な見解を提供することが期待される。

　なお、日弁連ガイダンスで示しているテーマは、企業が非財務情報を開示する際に考慮することが期待されるテーマの非網羅的なリストを例示したものにすぎず、企業は自社の具体的状況を考慮して開示分野を決定する必要がある。

2　非財務情報開示分野の決定プロセス

　非財務情報開示において、企業は、企業の発展、業績、地位及び活動の影響を理解するために必要な範囲で、適切に開示されるべきである。日弁連ガイダンス 4 条で触れられている開示分野は、最低限、開示されるべきである。

　なお、当然のことながら、企業は、自社にとって重要性があるのであれば、他の重要な情報も開示すべきである。

　非財務情報もまた、簡潔に開示され、重要でない情報を除くことが期待される。重要でない情報を開示することは、重要な情報を不明瞭にするため、非財務情報を理解しにくくする可能性がある。一

49

第2部　逐条解説

般的又は紋切り型の定型文言（ボイラープレート）を用いた情報開示は避けるべきである。

　非財務情報には、簡潔で、繰返しを制限し、他の情報へのリンクを提供するために、内部の相互参照又はサイン掲示をするといった工夫も有益である。

第5条　人権擁護への取組の開示項目

> **第5条　人権擁護への取組の開示項目**
> 　人権擁護への取組には、以下の項目に関する第4条第2項第2号ないし第5号に関する開示がなされていることが望ましい。
> ①　人権擁護への支持と尊重のために行っている取組
> ②　人権侵害に加担しないための取組
> ③　人権侵害が生じた場合の救済・苦情処理メカニズム
> ④　特別の配慮を必要とする、子ども、障がい者、社会的少数者、女性、高齢者などのグループへの人権擁護の取組

1　本条の趣旨

　人権擁護への取組は、企業のおかれている環境やビジネスモデルによって、当然のことながら違いがある。もっとも、機関投資家等のステークホルダーにとっては、比較可能性のある項目が、比較可能性のある KPI とともに開示されていなければ、意思決定に利用できない開示となりかねない。そこで、日弁連ガイダンスでは、①人権擁護への支持と尊重のために行っている取組、②人権侵害に加担しないための取組、③人権侵害が生じた場合の救済・苦情処理メカニズム、④特別の配慮を必要とする、子ども、障がい者、社会的少数者、女性、高齢者などのグループへの人権擁護の取組を開示することが望ましいことを示している。これら、日弁連ガイダンスの項目は幅のある記載となっているため、企業が開示するに当たって

50

第1章　企業の非財務情報開示

は、分かりやすく具体的に開示項目名を決めることは、むしろ望ましいが、仮にこれらの開示項目に全く触れないのであれば、その理由が明らかになるように何らかの開示をすることが望まれる。

2　人権課題に関する開示例

日本においては、人権課題に関するリスク積極的に開示している事例も出てきている[8]が、まだ人権課題に関する開示が十分に進んでいる状況とは言えない。そこで、ダノン社のアニュアル・レポート[9]における、人権リスクの記載及び関連項目として開示している項目について紹介したい。

(1)　リスク情報における開示

まず、人権に関するリスク情報は、図表2-1-5で示したような開示がなされおり、具体的なリスクが適示されていると考えられる。

図表 2-1-5　人権リスク開示例
倫理・人権に関するリスク 特定のダノン製品は、倫理的価値及び誠実性の尊重が特に重要な食品カテゴリーに属している。 さらに、農業部門におけるサプライチェーンは、人権、特に労働条件、農業労働者の健康と安全、あるいは強制労働や児童労働に関連するリスクを伴うことがある。 ダノン、その供給業者、従業員又はダノンのために行動するその他の代理人による行為で、特に不正と腐敗と闘い、人権を尊重する分野において、倫理原則又は適用される法律及び規則に反するものは、ダノン製品に対する消費者の不信感を招き、ダノンを刑事責任及び民事責任にさらし、より一般的に

---

8)　ANA ホールディングス株式会社の人権報告書（https://www.ana.co.jp/group/csr/effort/pdf/Human_Rights_Report_2018.pdf）が注目すべき開示例の一つである。

9）Registration Document(http://iar2017.danone.com/)　なお、翻訳は筆者による。

51

第2部　逐条解説

はダノンの結果及び評判に悪影響を及ぼす可能性がある。

2001年には「基本的社会原則」を制定し、サプライチェーンにおけるいかなる人権侵害も禁止するとともに、自社の事業活動も禁止している。

2017年、ダノンは、人権、環境、個人の健康と安全を尊重するための監視計画を策定した。これは、ダノン自身の活動だけでなく、サプライヤーの活動にも適用される。

ダノンはまた、倫理規範［企業行動方針］及びインテグリティ・ポリシーを制定した。これらの方針は、すべてのダノン従業員に適用され、適用される法的要件の完全性と順守に対するコミットメントを正式化している。

企業活動を行うすべての国で、すべてのダノン関連活動に適用される厳格な倫理規則、行動原則を定めている。最後に、RESPECTポリシーは、このコミットメントを当社のサプライヤーに拡大することを目的としている。2017年、ダノンは、継続的な改善アプローチを用いて人権に細心の注意を払いつつ、合理的なデュー・ディリジェンスに向けた政策を推進しようとした。これらの要素は、第5章「社会、地域社会、環境に対する責任」に記載されている。

(2)　社会、環境に対する開示項目

　ダノン社は、アニュアル・レポートにおいて「社会、地域社会、環境に対する責任」要素における具体的な取組を詳細に開示している。その内容をすべて紹介することは紙幅の関係でできないが、項目だけ見てみても、詳細な開示がなされていることが理解できる。

図表 2-1-6　社会・環境取組方針開示例

5.1 ダノンの社会・地域社会・環境に対する責任の統合的ビジョン
項目
ダノンの歴史の核心にある企業の責任
ダノンの社会・地域社会・環境に対するアプローチ
ダノンウェイと B Corp: ダノンの野心を動かす 2 つの重要なイニシアチブ
ダノンの SDGs への貢献
ダノンのステークホルダー戦略と行動
ステークホルダー・ダイアログ

52

第1章　企業の非財務情報開示

　　ステークホルダー・ビジランス・プランによって特定された重要な問題と
　　リスクの統合
企業責任に関するガバナンス
　　CSR 委員会
　　持続可能性統合委員会
　　サステナビリティ・インテグレーション部
ダノンがスポンサーとなっているファンドとの提携
　　ダノン・コミュニティー
　　Danone Ecosystem Fund（Fonds Danone pour l'Écosystème）
　　生活基金
　　家族農業生計基金
ダノンの責任ある施策
　　コンプライアンス・企業倫理プログラム
　　租税政策
　　啓発活動の透明性
　　危機管理

第6条　労働問題への取組の開示項目

第6条　労働問題への取組の開示項目
　労働問題への取組には、以下の項目に関する第4条第2項第2号な
いし第5号に関する開示がなされていることが望ましい。
　① 　強制労働の排除のために行っている取組
　② 　児童労働の排除のために行っている取組
　③ 　雇用や人事上の取扱いにおける差別の排除のために行っている
　　　取組
　④ 　労働時間規制に関する法令遵守やワークライフバランスの尊重
　　　のために行っている取組
　⑤ 　ジェンダーの多様性尊重と格差解消のために行っている取組

第2部　逐条解説

1　本条の趣旨

　日弁連ガイダンスでは、労働問題への取組についての開示事項として、①強制労働の排除のために行っている取組、②児童労働の排除のために行っている取組、③雇用や人事上の取扱いにおける差別の排除のために行っている取組、④労働時間規制に関する法令遵守やワークライフバランスの尊重のために行っている取組、⑤ジェンダーの多様性尊重と格差解消のために行っている取組を開示することが望ましいことを示している。これら、日弁連ガイダンスの項目は幅のある記載となっているため、企業が開示するに当たっては、分かりやすく具体的に開示項目名を決めることが望ましい。なお、③には結社の自由の保障も含まれ、⑤には賃金格差及びその解消策が含まれることに留意が必要である。例えば、「雇用や人事上の取扱いにおける差別の排除のために行っている取組」においては、労働における基本的原則及び権利を確保するための取組が具体的に記載されることになると考えられる。仮にこれらの開示項目に全く触れないのであれば、開示しない理由が明らかになるように何らかの開示をすることが望まれる。

2　労働分野の開示例

　労働問題への取組については、詳細が分かりやすい開示がなされているノボ・ノルディスクのアニュアル・レポート[10]を見てみよう。開示項目は様々な点に及ぶが、離職率やジェンダー割合などを定量的に開示するとともに、その増減の原因について、定性的な評価も行っている。

　まず、同社では「社会的パフォーマンス報告書」として、3期間

---

10)　https://www.novonordisk.com/content/dam/Denmark/HQ/investors/irmaterial/annual_report/2018/NN-AR17_UK_Online1.pdf

54

第1章　企業の非財務情報開示

を比較した定量データを開示している。

　開示項目としては、以下に示したような多様なものとなっている。

患者
　　ノボ・ノルディスクの糖尿病治療薬を服用している患者（（推定）数百万人）
　　ノボ・ノルディスク糖尿病治療についてインシュリンコミットメントを利用している患者（10億人）
　　寄附（百万デンマーククローネ）
　　研究用に購入した動物
　　新パテントファミリー（初回出願）
従業員
　　従業員数（合計）
　　従業員の離職率
　　持続的エンゲージメントのスコア
　　経営陣のジェンダー（男女比率）
　　労働災害発生頻度（100万労働時間当たりの数）
保証
　　関連する従業員を対象とした企業倫理研修
　　事業倫理のレビュー
　　ノボ・ノルディクス・ウエイの実行によるアクションポイントの充足率
　　サプライヤー監査
　　製品のリコール
　　賢さの失敗
会社の評判（0〜100）

図表 2-1-7　**社会的パフォーマンス報告書（本表）**

社会的パフォーマンス報告書
12月31日を期末とする事業年度

	注	2017	2016	2015
患者 ノボ・ノルディスクの糖尿病治療薬を服用している患者（（推定）数百万人）	2.1	27.7	28.0	26.8

第2部　逐条解説

ノボ・ノルディスク糖尿病治療について				
インシュリンコミットメントを利用している患者（10億人）1	2.1	0.3	—	—
寄附（DKK million）	2.2	103	106	105
研究用に購入した動物	2.3	67,623	77,920	67,240
新パテントファミリー（初回出願）	2.4	65	74	77
従業員				
従業員数（合計）	3.1	42,682	42,446	41,122
従業員の離職率	3.1	11.0%	9.7%	9.2%
持続的エンゲージメントのスコア		90%	—	—
経営陣のジェンダー（男女比率）	3.1	60 40	59 41	59 41
労働災害発生頻度（100万労働時間当たりの数）	3.2	2.7	3.0	3.0
保証				
関連する従業員を対象とした企業倫理研修		99%	99%	98%
事業倫理のレビュー	4.1	34	52	49
ノボ　ノルディスク　ウエイの実行によるアクションポイントの充足率	4.2	97%	95%	94%
サプライヤー監査	4.3	246	223	240
製品のリコール	4.4	6	6	2
検査の失敗	4.5	0	0	0
会社の評判（0〜100）1	4.6	79.3	77.8	81.1

1. 開示のアップデート：追加情報として100頁の測定方針の変更を参照せよ

　さらに、この本表（図表2-1-7）に対する、詳細な注記も開示されており、アニュアル・レポートの利用者に有用な情報を与えている。

　例えば、この「社会的パフォーマンス報告書」作成における、数値の集計がどのように行われたかについて、注記により開示を行っている。さらに、より詳細な定量情報についても開示を行っている。例えば、従業員の数、離職率、ジェンダー割合について、図表2-1-8のような開示を行っている。

56

第1章　企業の非財務情報開示

図表 2-1-8　社会的パフォーマンス報告書注記（抜粋）

測定方針

　　従業員数は、期末における、外部者、無給の休業者、インターン、論文が採用された学部生・大学院生を除くすべての従業員を含んでいる。

　　従業員は、事業部、R&D、製造、業務補助機能ごとに、主要な事業所の所属する地域により分類される。コーポレート機能の従業員は、ヨーロッパ地域に所属し、グローバル・サービス・センターは AAMEO 地域に所属する。

　　従業員離職率は、臨時雇用の従業員を除いた、事業年度中にグループを退職した従業員数を、臨時雇用の従業員を除いた、事業年度の平均従業員数で除すことによって求めている。

　　ノボ・ノルディスクのダイバーシティは、全ての管理職と新規登用管理職に分けてパーセンテージを報告している。管理職は、ノボ・ノルディスクにおけるすべての管理職（グローバルの職階で、CEO、CVP、SVP、CVP、VP、ディレクター、マネージャー、チームリーダー）を意味する。新規登用管理職は、過去 12 か月の間に管理職の職位についたもので、昇格によるものと新規雇用によるものを両方含んでいる。

従業員

数量	2017	2016	2015
北米	6,391	6,394	6,439
ヨーロッパ地域	21,920	22,529	21,871
内　デンマーク	17,510	18,221	17,398
AAMEO 地域	6,767	6,200	5,060
中国地域	4,482	4,356	4,389
日本＆韓国地域	1,252	1,190	1,119
ラテンアメリカ地域	1,870	1,777	1,698
従業員合計	42,682	42,446	41,122
フルタイム従業員	42,076	41,971	40,638
従業員離職率	11.0%	9.70%	9.20%
従業員増加率	1%	3%	（1%）
全管理職におけるジェンダー割合	60：40	59：41	59：41

57

第2部　逐条解説

新規登用管理職における女性の割合	43%	43%	44%

　インドのバンガロールにある世界的なサービスセンターが、従業員数の増加の主要な要因である。従業員の離職率は、2016年には9.7%、2017年には11.0%と増加した。従業員の離職率の増加は、主として、2016年末時点での労働力削減である。この労働力削減の一部は、2016年末時点では依然として従業員であったため、2017年の離職率に影響を与えている。

　すべてのマネジメントチームは、職階にかかわらず、ダイバーシティの促進について焦点を当てている。

　これは、管理職の地位のための能力を有する者のパイプラインを確保する目的も含まれる。

　2017年度は、従業員全体として、ジェンダー割合は女性49%、男性51%であった。

　下のグラフは、3年間のジェンダー割合を示したものである。

　この従業員関係の注記では、ジェンダーについての開示が充実している。また、抽象的なジェンダーに対する取組だけではなく、各年度における数値情報が開示され、アニュアル・レポートの利用者が、企業の取組に対する評価や対話を具体的に行うことに資する情報が提供されているといえよう。

第1章　企業の非財務情報開示

第7条　環境問題への取組の開示項目

> **第7条　環境問題への取組の開示項目**
>
> 　環境問題への取組には、以下の項目に関する第4条第2項第2号ないし第5号に関する開示がなされていることが望ましい。
> ① 　温室効果ガス排出量の削減等、気候変動対策のために行っている取組
> ② 　省エネルギー、エネルギー効率向上、クリーンエネルギー、再生可能エネルギーの開発、活用のために行っている取組
> ③ 　循環型社会形成に向けた環境配慮設計及び3R（リデュース、リユース及びリサイクル）の促進並びに廃棄物の適切な処理のために行っている取組
> ④ 　事業に起因する環境汚染を防止するための取組[11]
> ⑤ 　自然環境（水資源、森林資源等）の持続可能な利用、自然環境及び生物多様性の保全のために行っている取組

1　概要

　日弁連ガイダンスでは、環境問題への取組についての開示項目として、①温室効果ガス排出量の削減等、気候変動対策のために行っている取組、②省エネルギー、エネルギー効率向上、クリーンエネルギー、再生可能エネルギーの開発、活用のために行っている取組、③循環型社会形成に向けた環境配慮設計及び3R（リデュース、リユース及びリサイクル）の促進並びに廃棄物の適切な処理のために行っている取組、④事業に起因する環境汚染を防止するための取組、⑤自然環境（水資源、森林資源等）の持続可能な利用、自然環境及び生物多様性の保全のために行っている取組を開示することが望ましいことを示している。もちろん、日弁連ガイダンスの項目は幅のある記載となっているため、企業が開示するに当たっては、分かり

11）　大気、水及び土壌等の汚染並びに騒音、振動及び悪臭等の発生など。

59

第2部　逐条解説

やすく具体的に開示項目名を決めるべきである。仮にこれらの開示項目に全く触れないのであれば、不開示の理由が明らかになるように何らかの開示をすることが望まれる。

2　環境分野の開示例

　ここでも、またノボ・ノルディスクのアニュアル・レポートの開示例を取り上げる。やはり環境についても、定量的な KPI を開示するとともに、その増減原因について定性的な分析を行っている。

　そこで、具体的に見ていくと、まず同社は、アニュアル・レポートにおいて、環境パフォーマンス報告書を開示している。

　環境パフォーマンス報告書では、CO_2 排出量、排出物の量について 3 期間にわたって定量的に開示しているとともに、コンプライアンス情報としてネガティブ情報についても開示している。

図表 2-1-9　環境パフォーマンス報告書（本表）

	2017	2016	2015
資源			
エネルギー使用量（1,000GJ）	2,922	2,935	2,778
製品における再生可能エネルギー割合	79%	78%	78%
水使用量（1,000㎡）	3,276	3,293	3,131
排出及び廃棄			
エネルギー使用における CO_2 排出量（1,000 トン）	90	92	107
製品輸送における CO_2 排出量（1,000 トン）	39	38	43
廃棄物（1,000 トン）	157	153	159
コンプライアンス			
規制値に対する違反	23	42	28

　また、この環境パフォーマンス報告書についても、社会的パフォーマンス同様、詳細な注記がなされている。

　まず、連結環境報告書において、数値の集計がどのように行われたかについて、注記により開示を行っている。このように、数値の集計方法について、重要なものは開示することは、非財務情報の理

60

第 1 章　企業の非財務情報開示

解において前提となっているといえるであろう。

図表 2-1-10 （注記例）連結環境報告書に関する開示例

一般的な報告基準と原則
「連結環境報告書」は、「連結社会報告書」と同じ基準で作成している。99
ページの「連結社会情勢編」の「1. 作成の基本」を参照のこと。

連結方針
オフィスビルや研究開発施設などの生産事業所をカバーする「連結環境報告
書」では、物流における CO_2 排出量を除いて、ノボ・ノルディスクの製品を
販売するための外注サプライヤーを対象としている。

環境会計の方針
連結環境報告書の作成に当たっては、以下の方針を各事業年度全体で一貫し
て適用している。

測定方針及び開示の変更
以下の変更は、経営上の優先事項と整合させるために行われたものである。

・「有機性残渣」と「廃棄物」は、従来は別々の項目として開示されていた。
2017 年度は、有機性残渣は廃棄物に含まれて開示されている。このため、注
記もそれぞれ更新されている。
・「有害でない廃棄物」は、別の項目として報告されていおらず、注記 3.2 の
廃棄物の一部に含まれている。

　次に、CO_2 排出量に関する、注記を見てみよう。
　ここでは、CO_2 排出量の測定がどのように行われたかについての
重要な方針を開示した上で、個別の定量情報を開示している。

図表 2-1-11 （注記例）CO_2 排出量に関する開示例

3.1 CO_2 排出量
　測定方針

61

第2部　逐条解説

・CO$_2$ エネルギー消費による排出量

　　エネルギー消費による排出量、CO$_2$ の使用量は、メートルトンで測定された製造現場での使用量をカバーしている。エネルギー消費による排出量、CO$_2$ の使用量の算出は、温室効果ガス議定書に基づき、前年度からの排出要素に基づいて計算される。

製品物流による CO$_2$ 発生量

　　製品物流による CO$_2$ 排出量は、製品物流による推定排出量として、外部運送業者によるものをメートルトン単位で算定している。CO$_2$ 排出量は、半製品、製品、原材料、部品の空・海・陸における、製造現場間の、又は製造現場から、関連会社、消費者、輸出業者への世界全体における物流に基づいて計算している。CO$_2$ 排出量の内、関連会社、ディストリビューターから薬局・病院・卸売業者の輸送に伴う CO$_2$ 排出量は含まない。

CO$_2$ 排出量			
1,000 トン	2017	2016	2015
エネルギー使用における CO$_2$ 排出量	90	92	107
－糖尿病ケアと肥満	76	78	88
－バイオ医薬品	12	11	6
－配賦不能分（注 1）	2	3	13
製品輸送における CO$_2$ 排出量	39	38	43
CO$_2$ 排出量合計	129	130	150

注 1　配賦不能分は、「糖尿病ケアと肥満」と「バイオ医薬品」に関連付けられない消費であり、具体的には、オフィスビルや調査活動である。
　　製造事業所における CO$_2$ 排出量は 2％の削減となった。これは、製造事業所における化石燃料使用量の削減による。
　　製品輸送に伴う CO$_2$ 排出量は 2016 年と比べて 3％増加した。航空輸送、陸上輸送からの排出物は同程度で推移している。より多くの製品が海上輸送されている。ノボ・ノルディスクにとって、製品数量と比較して、CO$_2$ 排出量、コストを削減する海上輸送することは、依然として優先事項となっている。

環境情報については、わが国の非財務情報開示においても、充実

第 1 章　企業の非財務情報開示

が進んでいる分野であるが、より利用者にとって有用な情報を開示していくためには、外国の開示例を検討してみることも有益であろう。

第8条　腐敗防止への取組の開示項目

第8条　腐敗防止への取組の開示項目

　腐敗防止への取組には、以下の項目に関する第4条第2項第2号ないし第5号に関する開示がなされていることが望ましい。
① 　贈賄防止方針、手続、基準
② 　贈賄リスクの評価に利用される基準
③ 　贈賄防止のために配分される内部統制のプロセス・リソース
④ 　社員教育のための取組
⑤ 　通報制度の概要

1　概要

　日弁連ガイダンスでは、腐敗防止への取組に関する開示項目として、① 贈賄防止方針、手続、基準、② 贈賄リスクの評価に利用される基準、③ 贈賄防止のために配分される内部統制のプロセス・リソース、④ 社員教育のための取組、⑤通報制度の概要を開示することが望ましいことを示している。腐敗防止への取組の開示はわが国において広く行なわれているとは言いづらい状況にある。とはいえ、仮に8条の示す開示項目に全く触れないのであれば、その理由が明らかになるように何らかの開示をすることが望まれる。

2　腐敗防止分野の開示例

　EU の非財務情報指令では、非財務情報開示には、腐敗・贈賄防止に関する項目を入れなければならないとしている。日本では、腐敗・贈賄防止に関する取組について詳細な情報を開示している企業

63

第2部　逐条解説

は少ないと思われる。そこで、Eni の事例を見てみたい。

Eni 社は、Integrated Annual Report 2017[12) の中で、1 頁にわたり贈賄防止について、記載している。

当該記載において、Eni 社は、自社の贈賄防止規程、子会社でも適用されていること、コンプライアンス・プログラムの概要、贈賄に関する研修・監査の概要、通報制度の概要、参加している国際的なイニシアチブなどを定性的に開示している。

例えば、監査契約や通報に関して、以下のような開示がなされている。

汚職防止コンプライアンス・プログラムの妥当性と効果的な運用を評価するため、Eni は、取締役会によって毎年承認される統合監査計画の一環として、関連活動の具体的なチェックを実施し、業務を行っている国のリスクと重要性に基づいて特定されたプロセスと企業の分析に専念する監査と、必要に応じて契約上のリスクが高いとみなされる第三者の監査を行っている。

また、2006 年には、匿名・秘密での通報も含め、第三者・従業員からの通報の受付、分析、通報の通報報告書の作成プロセスなどに関する規定を設けている。

また、贈賄防止コンプライアンス・プログラムに関して、定量的な開示も行っている。

なお、贈賄防止に関する開示として、2017 年以降、欧州指令 2013/34EU に準拠した「政府への支払いに関する報告書」を公表していることも開示されているが、この「政府への支払いに関する報告書」では、きわめて詳細に各国政府に対する支払いデータが開示されている[13)。当該報告書では、国別[14)、支払内容別[15) に詳細な支払いデータが開示されており、Eni 社の英文版報告書で 30 頁

12）　https://www.eni.com/docs/en_IT/enicom/publications-archive/
publications/reports/rapporti-2017/Integrated-Annual-Report-2017.pdf

64

にわたっている。

また、腐敗防止に限定されていないが、Integrated Annual Report 2017 では人権に関する通報についても通報の調査結果についても開示を行っており、ステークホルダーにとって有益な情報を提供しているといえるであろう。

図表 2-1-12 腐敗防止に関する開示例

	2017		2016		2015	
	合計	連結会社	合計	連結会社	合計	連結会社
不正行為のリスクに関する監査活動		36		33		29
管理者向け E ラーニング	493	452	865	822	1,865	1,777
非管理者向け E ラーニング	1,857	1,736	9,364	8,952	7,016	6,973
一般ワークショップ	1,434	1,329	1,269		886	
職種別研修	1,539	1,503	1,214		693	
Eni が EITI の現地マルチステークホルダー・グループを支援している国	9		8		7	

図表 2-1-13 人権 KPI 開示例

主要業績指標

		2017	2016	2015
人権研修時間	【数量】	7,805	88,874	32,588
人権教育を受けた従業員数		1,835	21,682	7,545
人権教育を受けた保安要員		308 [a]	53	61
人権教育を受けた保安要員（専門分野）[b]（%）		88	83	78
人権条項を含む保安契約		88	91	85

13） https://www.eni.com/docs/en_IT/enicom/publications-archive/
publications/reports/rapporti-2017/Report-on-payments-to-governments-2017.
pdf

14） プロジェクト別、政府機関別の内訳も開示。

15） 権益取得費、税金、ロイヤリティー、ボーナス、フィー、基盤改良といった項目別に開示が行われている。

第2部　逐条解説

人権侵害［c］［主張も含む］に関する報告 ［事業年度別、結果別］［d］　　　　　［数量］	29［32］	36	31
発見報告（主張があったもの）	3	11	3
発見報告（主張）がなかったが、改善・修正手段がとられたもの［e］	9	6	10
発見報告（主張がなかったもの）［f］	20	19	18

［a］人権に関する訓練を受けたリソースのKPIのバリエーションは、場合によっては、ある年度と次の年度との間で検出されることができる重要なものもあり、訓練プロジェクトのさまざまな特性や緊急事態に関連している。
［b］このデータは2017で累積された値のパーセンテージである。
［c］2017では、1つの報告書違反について行われたチェックの結果が提示された［1つの報告書には、人権に影響を及ぼす可能性のある1つ以上の主張が含まれている可能性がある］。そうでない場合には、2015年度及び2015年事業年度の報告書の全体的な結果は、人権への潜在的な影響に関連する具体的な側面に関して表示されていない。
［d］うち、完全連結には至っていない企業；2015：―；2016；1；2017　1［1］
［e］うち完全連結には至っていない企業；2015：―；2016：1；2017：―
［f］うち完全連結には至っていない企業；2015：―；2016：―；2017：―

第9条　サプライチェーンに対する取組の開示項目

第9条　サプライチェーンに対する取組の開示項目
　サプライチェーンに対する取組には、以下の点に関する第4条第2項第2号ないし第5号に関する開示がなされていることが望ましい。
① 児童労働・強制労働、不安定雇用・賃金、危険な労働条件（建物の安全性・安全装置・労働衛生を含む）を含む労働慣行
② 人身取引その他の人権問題
③ 温暖化ガス排出及びその他の種類の水・環境の汚染
④ 森林破壊及びその他の生物多様性に関するリスク
⑤ 紛争鉱物に関するリスク
⑥ サプライヤーである中小企業に対する対話や支援の取組

1　本条の趣旨

サプライチェーンに対する取組は、企業のおかれている環境やビ

第 1 章　企業の非財務情報開示

ジネスモデルによって、違いの大きい分野である。日弁連ガイダンスでは開示項目として、①児童労働・強制労働、不安定雇用・賃金、危険な労働条件（建物の安全性・安全装置・労働衛生を含む）を含む労働慣行、②人身取引その他の人権問題、③温暖化ガス排出及びその他の種類の水・環境の汚染、④森林破壊及びその他の生物多様性に関するリスク、⑤紛争鉱物に関するリスク、⑥サプライヤーである中小企業に対する対話や支援の取組を開示することが望ましいことを示している。企業が開示するに当たっては、具体的に開示項目名を決めるべきである。なお、サプライチェーンについては、企業によってはビジネスモデルとして開示すべき事項がない、重要性がないといった場合もあると思われるが、このような場合でも全く触れないのであれば、その理由について開示をすることが望まれる。

2　サプライチェーン分野の開示例

ダノン社のアニュアル・レポートでは、人権リスクの監視計画におけるサプライチェーンにおけるサプライヤーとの協働について、連結グループとサプライヤーの役割分担について、「人権や基本的自由」「環境」のそれぞれの分野について、「リスクマップ」「定期的なリスクマップに基づく評価手順」「重大な違反を未然に防止するための適切な措置」「対策のモニタリングと効率性の評価」の項目に分けて開示を行っている。

このうち、「リスクマップ」及び「重大な違反を未然に防止するための適切な措置」について、どのような開示を行っているかについては、図表 2-1-14 の通りであり、サプライチェーンとの役割分担が具体的に記載されている。

67

第2部　逐条解説

図表 2-1-14　サプライチェーンを含むリスクマップ開示例

(1)　「リスクマップ」についての開示

人権や基本的自由　環境		
	リスクマップ	
会社の活動	・2017 年に実施された重要性とリスク分析 ・強制労働問題に重点を置き、「消費財 Forum」へのコミットメントをさらに強化する。	・2017 年に実施された重要性とリスク分析 ・グリーンプログラム ・WRI のアキダクト水資源リスクアセスメントツールによる水資源管理リスクの分析
サプライヤー又は下請業者の活動	・最もリスクのある 20 の調達カテゴリーについて、2017 年に作成されたリスクマッピング ・ミルクの調達上の問題点が顕著に考慮されている	・森林政策における森林減少リスクの分析 ・最もリスクのある 20 の調達カテゴリーについて、2017 年に作成されたリスクマッピング。 ・ミルクのための持続可能な農業に重点を置く 調達：気候、水、生物多様性、動物福祉、土壌利用
重大な違反を未然に防止するための適切な措置		
会社の活動	・業務行動規範 ・ダノンと IUF が締結した社会対話協定 ・ダノンとの契約関係による基本的権利の尊重	・業務行動規範 ・ダノンの環境保全活動戦略 ・GREEN 監査後の行動計画 ・水質リスクの大きい事業所の行動計画
サプライヤー又は下請業者の活動	・取引先行動規範 ・基本的社会原則を含むサプライヤーの契約条項 ・Action plans following SMETA and i ts and FaRMs assessments ・お取引先との対話 ・ダノン主催資金と連携した事業 ・認証：UTZ、FSC and RSPO	・取引先行動規範 ・環境基本原則を含む取引先への約定条項 ・SMETA 監査及び FARM 評価後の行動計画 ・お取引先との対話 ・ダノン主催資金と連携した事業 ・認証：RSPO、RTRS、FSC and Non－GMO 検証されたプロジェクト

第 10 条　コーポレート・ガバナンス強化への取組の開示項目

第 10 条　コーポレート・ガバナンス強化への取組の開示項目

第1章　企業の非財務情報開示

> 　ガバナンス強化への取組には、以下の項目に関する第4条第2項第
> 2号ないし第5号に関する開示がなされていることが望ましい。
> ①　強要や贈収賄を含むあらゆる形態の腐敗防止の取組
> ②　公正な取引慣行の確保のための取組
> ③　反社会的勢力との関係を遮断するための取組
> ④　当該企業が活動を行っている国において適切な税金の負担を行
> 　うための取組
> ⑤　サイバーセキュリティ・情報セキュリティを確保するための取
> 　組
> ⑥　取締役会の説明責任を果たすために行っている取組
> ⑦　少数株主が適切な議決権行使を行うために行っている取組
> ⑧　取締役の報酬制度を適切に設定するために行っている取組

1　本条の趣旨

　コーポレート・ガバナンスについては、コーポレート・ガバナン
ス報告書での開示が進んでいる分野ではあるが、国際的に比較する
と開示が手薄な分野も少なくない。そこで、日弁連ガイダンスでは
コーポレート・ガバナンス強化への取組の開示項目として、①強要
や贈収賄を含むあらゆる形態の腐敗防止の取組、②公正な取引慣行
の確保のための取組、③反社会的勢力との関係を遮断するための取
組、④当該企業が活動を行っている国において適切な税金の負担を
行うための取組、⑤サイバーセキュリティ・情報セキュリティを確
保するための取組、⑥取締役会の説明責任を果たすために行ってい
る取組、⑦少数株主が適切な議決権行使を行うために行っている取
組、⑧取締役の報酬制度を適切に設定するために行っている取組を
開示することが望ましいことを示している。もちろん開示項目や開
示の内容は企業の工夫が望まれる。また仮にこれらの開示項目のう
ち全く触れない項目があるのであれば、その理由が明らかになるよ
うに何らかの開示をすることが望まれる。この場合、ビジネスモデ
ルからの説明も必要となるであろう。なお腐敗防止についてのガバ

69

第 2 部　逐条解説

ナンス開示については、第 8 条の解説も参考にしてほしい。

2　サイバーセキュリティ分野の開示例

　ここで現在注目されている分野として、サイバーセキュリティがあるが、サイバーセキュリティについて定量的に開示している企業は日本では少数と思われるが、海外の定量情報の開示例について紹介したい。

　Enel 社では、自社に向けて送られてくる悪意のあるメールや、ウイルス、悪意のある外部接続の試み等について定量的に開示している。AI や IoT の活用が企業にとって重要となる一方で、サイバーセキュリティの重要性も同時に増しているが、サイバーセキュリティの対応方針、リスク評価等の情報も、ステークホルダーにとっては、重要性を増してくると思われるため、参考になる（Enel 社の事例[16]）。

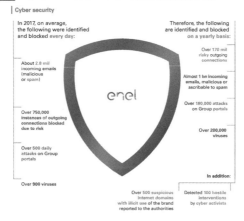

図表 2-1-15　サイバーセキュリティ定量情報開示例

第1章　企業の非財務情報開示

第3節　非財務情報の開示方法

第11条　非財務情報の開示媒体

> **第11条　非財務情報の開示媒体**
> (1)　総論
>
> 　　非財務情報の開示は、企業のホームページ上において開示し、多様な利用者が非財務情報を活用することができるようにするべきである。非財務情報をホームページ上でどのように開示するかの様式は企業に委ねられるが、他の企業との比較可能性を考慮した様式での開示が望ましい。
>
> (2)　上場企業の場合
>
> 　　非財務情報を開示する企業が上場会社である場合には、ホームページでの開示に加えて、各種開示媒体での開示を行うことが望ましい。具体的には、以下の開示媒体における開示を検討すべきであるが、これに限られない。

媒体	開示における留意点
適時開示書類	ESG 関連リスクに関して企業価値に影響を与える重要な変更があった場合において、これを直接に、広く、かつタイムリーに伝達する必要がある場合に利用する。
事業報告書	ESG 関連リスクの対処状況が、株主が株主総会において議決権を行使するために重要な情報である場合に開示すべき。「業務の適正を確保するための体制等の整備に関する事項」において記載することが考えられる。
有価証券報告書	ESG 関連リスクが企業価値に重要な影響を与える具体的可能性のある場合に開示すべき。「対処すべき課題」、「事業等のリスク」、「財政状態、経営成績及びキャッシュ・フローの状況の分析」に該当する事項として開示することが考えられる。

---

16)　http://sustainabilityreport2017.enel.com/en/our-commitment/digital-e/cyber-security

第2部　逐条解説

コーポレート・ガバナンスに関する報告書	・コーポレート・ガバナンスに関する報告書記載要領（東京証券取引所）「Ⅰの1コーポレート・ガバナンスに関する基本的な考え方」の「(2)コードの各原則に基づく開示」の項目においてコード実施状況について記載することが考えられる。関連する原則としては、基本原則2、原則2−3「社会・環境問題をはじめとするサステナビリティーを巡る課題」、補充原則2−3①などが考えられるが、これに限られない。 ・「Ⅲ 株主その他の利害関係者に関する施策の実施状況」の「3.ステークホルダーの立場の尊重に係る取組状況」の項目や「Ⅳ 内部統制システム等に関する事項」の「1.内部統制システムに関する基本的な考え方及びその整備状況」の項目に記載することも考えられる。
CSR報告書・統合報告書	企業が決定した、非財務情報の開示項目について、年次ベースで分かりやすくステークホルダーに伝えるために作成する。作成様式については、国際的な開示フレームワークであるGRIやIIRCその他のガイドラインを参考に定めることが考えられる。

1　開示媒体に関する概要

　ESG関連の非財務情報を開示する媒体に関するルールは、財務情報に関する金融商品取引法と関連布令のようにまとまったものはない。そこで、ESG関連の非財務情報は、法定開示書類や上場規則で定められている書類、及び任意開示書類としてばらばらに開示されているというのが日本の現状である。以下、概観する。

2　日本の法定開示媒体

　上場会社等は、金融商品取引法により、有価証券報告書の提出が義務付けられている（金融商品取引法24条）。事業活動に関わる非財務情報についても、例えば、それが事業や業績に重要な影響を与

第1章　企業の非財務情報開示

える場合には、「対処すべき課題」「事業等のリスク」「財政状態、経営成績及びキャッシュ・フローの状況の分析」に該当する事項として、開示が求められる 。また、ESG 関連リスクの対処状況が、株主が株主総会において議決権を行使するために重要な情報である場合に「業務の適正を確保するための体制等の整備に関する事項」において記載することが考えられる。

　もっとも、「事業や業績に重要な影響を与える場合」や「業務の適正を確保するための体制等の整備に関する事項」に該当するESG 課題は何か、該当したとしてもどの程度開示すればよいか基準が明確でなく、また虚偽記載のリスクもあるため、有価証券報告書による積極的な開示がなされているとは言えない現状にある。

3　証券取引所規則に基づく開示

　株式会社東京証券取引所（以下「東京証券取引所」という）等に上場する会社等は、同取引所の有価証券上場規程上、コーポレート・ガバナンス報告書の開示が求められている 。また、投資者の投資判断に重要な影響を与える会社の業務、運営又は業績等に関する情報が発生した場合は、適時開示が求められる。なお、平成30 年6月にコーポレートガバナンス・コードが改訂されたが、コードの第3章「考え方」において、「非財務情報」にいわゆる ESG 要素に関する情報が含まれることが明確化された。

　非財務情報は、かかるコーポレート・ガバナンス報告書や適時開示としても開示されうるが、ESG に関する情報よりも、財務情報や取締役、取締役会のあり方といった開示事項が多く、定期的かつ網羅的な投資判断等に役立つ ESG に関する網羅的な非財務情報が提供されている状況とはいまだ言えないのではないだろうか。

4　企業の自主的な開示

　企業による非制度的・自主的な任意開示として、いわゆるアニュ

73

第2部　逐条解説

アル・レポート、各種 IR 資料、CSR 報告書、サステナビリティ報告書等の開示が行われている。

　現在、日本における非財務情報開示の媒体の中心的役割を占めているのはこの企業の自主的な開示である。

　企業の自主的な開示のよい点としては、その自由度にあると考えられる。すなわち、企業によっては国際的なフレームワークに従った開示をしてもよいし、独自のフォーマットで開示をしてもよい。当然のことながら、開示する情報が正確であることは求められるが、一定の様式に従わなくても、法定開示事項のようなサンクションがないというのは、非財務情報のように開示の慣行が日本において成熟していない分野にとっては、対応しやすい状況とも考えられる。

　もっとも、欧州においては自主的な開示から法定開示に移行しつつあり、また PRI などにより機関投資家が ESG 課題に注目した投資を行っている現状においては、比較可能な ESG に関連する非財務情報開示が求められている。仮に、機関投資家等のステークホルダーが必要な非財務情報を開示していなければ、仮に企業において ESG 課題に取り組んでいたとしても、何もやっていないという誤解を受けてしまう可能性がある。したがって、自主的な開示においても、国際的に比較可能な ESG に関連する非財務情報開示に留意した上で、各企業は非財務情報の内容を考えなくてはならない状況にあるといえるであろう。

5　財務情報と非財務情報の統合

　企業が公表する財務情報と非財務情報は、それぞれ別々に開示情報の充実が図られてきた。そのため、財務情報は財務諸表に、非財務情報は、例えば環境報告書、CSR 報告書等にといった形で別々に開示されてきた。

　しかし、非財務情報の投資判断における重要性が高まった今日、財務情報と非財務情報を結合させて投資家に開示する必要性が認識

され、統合報告書が注目されるようになった。

　統合報告書は、財務情報と非財務情報を統合化した企業情報の開示書類である。統合報告書では、情報の結合性を重視しており、他の媒体、すなわち財務諸表、CSR 報告書、ウェブサイトなどの要約を企図するものではないとされる 。なお、統合報告書は「独立した単独の報告書」でも、区分可能な形で顕著な形で辿り着くことが容易にできる形であれば「他の報告書や情報伝達手段の中の一部」であってもどちらでも構わないとされる 。したがって、一口に統合報告書といっても、アニュアル・レポートと一体になっていたり、サステナビリティ報告書と一体になっていたり、独立した報告書だったりと様々な形をとることが可能であり得る。

　この統合報告書は、南アフリカ共和国で義務化されたのを皮切りに、特に欧州諸国で開示の義務化が進み始めている。

　以上みたように、非財務情報開示の媒体には様々なものがあり、開示媒体ごとに異なる留意点がある。日弁連ガイドラインでも、開示媒体ごとに開示における留意点を簡単にまとめている。

第 12 条　非財務情報の開示頻度

第 12 条　非財務情報の開示頻度
　企業が開示する非財務情報は、少なくとも 1 会計年度に 1 度は開示内容を更新し、最新の情報を利用者に提供すべきである。定期的に報告書形式の開示を行っている場合でも、重要な情報についてはホームページ等で適時に情報を開示することが非財務情報の利用者にとって有用であり望ましい。

　非財務情報は、企業のステークホルダーが意思決定を行う際に重要な影響を与える情報となってきている。そして、ステークホルダーが適切な意思決定を行うためには、重要な非財務情報が適時適切に、かつ公平な形でステークホルダーに提供される必要がある。

75

第2部　逐条解説

　また、近時、財務情報と非財務情報を合わせて投資意思決定を行う投資家が増えてきている。

　したがって、非財務情報については、まとまった情報開示は少なくとも1会計年度に1度はなされるべきであり、また重要な情報が発生したときには、ホームページ等各ステークホルダーが公平に利用可能な形態で、適時に情報提供を行うべきである。

第13条　開示した非財務情報に誤りがあった場合の措置

第14条　企業不祥事発生時の開示

第13条　開示した非財務情報に誤りがあった場合の措置

　企業が開示した非財務情報に重要な不正、誤謬が含まれていることが判明した場合には、直ちにこれを公表し、訂正すべきである。また、開示した非財務情報になぜ重要な不正・誤謬が含まれていたかの原因及び再発防止策について、開示することが望ましい。

第14条　企業不祥事発生時の開示

　ESGに関する企業不祥事が発生した場合、上場企業においては、日本取引所自主規制法人の「上場会社における不祥事対応のプリンシプル」などに従い、不祥事の原因を調査した上、迅速かつ的確な情報開示を行うべきである。

　また、このような不祥事発生時における開示に当たっては、インサイダー取引の防止手段や、一般投資家に対する開示の公平性（フェアディスクロージャー）を確保するように特に留意すべきである。

　非財務情報の開示が進むと、開示した数値が誤っており、それに量的又は質的な重要性がある場合や、ESG関連の不祥事が発生するという局面も出てくると予想される。

　企業が開示した非財務情報に重要な不正、誤謬が含まれていることが判明した場合には、直ちにこれを公表し、訂正すべきである。

第1章　企業の非財務情報開示

また、開示した非財務情報になぜ重要な不正・誤謬が含まれていたかの原因及び再発防止策について、開示することが望ましい。

　また、ESG に関する企業不祥事が発生した場合、上場企業においては、日本取引所自主規制法人の「上場会社における不祥事対応のプリンシプル」などに従い、不祥事の原因を調査した上、迅速かつ的確な情報開示を行うべきである。

　なお、このような不祥事発生時における開示に当たっては、インサイダー取引の防止手段や、一般投資家に対する開示の公平性（フェアディスクロージャー）を確保するように特に留意すべきである。

（中野竹司）

77

第2部 逐条解説

第2章 | 機関投資家のESG投資におけるエンゲージメント（対話）

はじめに

1 日弁連ESGガイダンス第2章の適用対象：パッシブ運用を行う長期機関投資家

　ガイダンスの序論において明記されている通り、第2章は、特に中長期の株式保有を通じたパッシブ運用を行う機関投資家を主な対象として、ESG関連リスクの対応に関する投資先企業に対するエンゲージメントのあり方を解説している。

　第3部第2章「機関投資家のエンゲージメント実践例」において詳述されている通り、パッシブ運用を行う投資家は「ユニバーサル・オーナー」（投資額が大きく、資本市場全体に幅広く分散して運用する長期投資家）という性格を有する場合が多いゆえに、個々の企業が直面する個別の課題に加えて、環境・社会における問題をどう最小化し、社会全体が持続可能性になるかといった視点からエンゲージメントを行うことにも関心を有する。その意味で、様々な種類の投資家が存在する中でも、特にパッシブ運用を行う長期機関投資家が、投資先企業のESG関連リスクに関して強い関心をもち、エンゲージメントを実施すると考えられる。

　とはいえ、投資家のエンゲージメントの目的は中長期的な投資リターンの増大にある。投資先企業が、ESG関連リスクの管理やそ

78

のためのガバナンス体制を効果的・効率的に強化し、中長期的な企業価値の向上につなげているか否かどうかが、長期投資家にとっても重要な関心事項となる。

2 日弁連 ESG ガイダンス第 2 章における ESG 投資手法：エンゲージメント（対話）へのフォーカス

　機関投資家の ESG 投資には様々な手法があるところ、日弁連 ESG ガイダンス第 2 章は特にエンゲージメント（対話）にフォーカスしている。ただし、エンゲージメント（対話）とは、同ガイダンス序章が規定する通り、狭義の意味での対話にとどまらず、機関投資家が、投資先企業との間で、企業価値の維持・創造という建設的な目的をもって継続的な関係構築のために働きかけを行うプロセスを広く含むものであり、例えば議決権の行使もこれに含まれる。

　本ガイダンス第 2 章が、エンゲージメント（対話）にフォーカスしているのは、ESG 関連リスクへの対応は一朝一夕には成しえず、機関投資家と企業が建設的・継続的に対話することが非常に重要であるという理解に基づく。投資先企業の株式を売却する選択肢が限られているパッシブ運用を行う投資家にとっては、エンゲージメントは、最も現実的かつ効果的な ESG 投資の手法である。

　スチュワードシップ・コード指針 4 - 2 も、機関投資家は、パッシブ運用を行うに当たっては、投資先企業の株式を売却する選択肢が限られ、中長期的な企業価値の向上を促す必要性が高く、より積極的に中長期的視点に立った対話や議決権行使に取り組むべき旨規定している。

3 日弁連 ESG ガイダンス第 2 章の特徴：不祥事対応・予防へのフォーカス

　ガイダンスの序論において明記されている通り、第 2 章は、企業不祥事発生時の際の対話のあり方、及び、企業不祥事発生を防止す

第2部　逐条解説

るための平時の際の対話のあり方にフォーカスして実務的な指針を
提供している。

　第2章が、不祥事対応・予防に特に焦点を当てて、機関投資家の
エンゲージメントのあり方を検討しているのは、以下の理由に基づ
く。

⑴　ESG 関連リスクの顕在化としての不祥事

　第1節第2条の解説において詳述する通り、近年の企業不祥事は、
単に企業の法令違反を生じさせた結果としてのみ説明できるものばか
りではなく、企業が環境・社会・ガバナンスの面でステークホル
ダーから信頼を裏切ったことによる懸念や反発が高まった結果とし
て発生・拡大するものが多い。

⑵　企業不祥事による企業価値・株式価値への影響

　企業不祥事が発生すると、企業価値ひいては株式価値の毀損をも
たらす可能性がある。不祥事が発生した後、その対応を誤ると、企
業価値ひいては株式価値の毀損のさらなる拡大をもたらす危険性も
ある。

⑶　不祥事対応・予防の指針の明確化

　企業不祥事への対応・予防のために、機関投資家が投資先企業に
対しいかなるエンゲージメント（対話）を行うべきかに関しては、
日本取引所自主規制法人が「上場会社における不祥事対応のプリン
シプル」「上場企業における不祥事予防のプリンシプル」を発表し
ていることもあり、共通理解を明確化し、対話の方法に関する選択
肢を提示することが可能である。

⑷　機関投資家における実務の進展

　実際に、多くの機関投資家は、不祥事を起こした企業に対し、不
祥事の拡大や再発を防止するためにエンゲージメントを行ったり、
議決権行使を行ったりする実務が進みつつある。

第2章　機関投資家のESG投資におけるエンゲージメント（対話）

第1節　企業不祥事発生時（有事）のエンゲージメント（対話）

第1条　有事エンゲージメントの目的

> **第1条　有事エンゲージメントの目的**
> 　機関投資家は、投資先企業のESG関連リスクが顕在化し、企業価値の毀損が生じ得る企業不祥事が発生した場合又はその発生の可能性が高い場合、以下の目的から、投資先企業に対し、対話等の措置を実施すべきである（以下「有事エンゲージメント」という。）。
> ①　投資先企業の企業価値を維持・向上するための対話を実施することにより、投資先企業がESGに関連するリスクを対処することを促し、もって受託者責任を果たす
> ②　ステークホルダーに対する負の影響の拡大を防止することにより、国連指導原則が求める人権尊重責任を果たす

1　意義

　本条は、機関投資家の投資先に対するESGの観点からのエンゲージメント（特に不祥事が発生した場合の有事エンゲージメント）の目的として、①受託者責任、②人権尊重責任を果たす観点から説明したものである。

　以下、それぞれの内容と法的論点に関して、解説する。

2　目的①：受託者責任

　本条は、機関投資家のエンゲージメントの目的の一つが、①ESGに関連するリスクを対処することを促し、もって受託者責任を果たすことにあることを明確にしている。

　以下の通り、ESG投資を行うことが受託者責任に反しないか否かに関して法的論争があったが、現在は、国際的にESG投資を実

81

第2部　逐条解説

施することが受託者責任に反しないことは異論がない状況となって
おり、むしろ ESG 投資の実施は受託者責任に果たすことに積極的
に貢献するという見解が有力となっている。

⑴　米国 ERISA 法における位置付け

米国 ERISA 法（Employee Retirement Income Security Act（従業員退
職所得保障法）は、従業員の受給権を保護する目的から、企業年金
制度の管理・運営者の受託者責任（Fiduciary Duty）を定めている。

2015 年に労働省が発表した解釈通達（Interpretive Bulletin）2015-
01[1]は、過去の解釈通達が ESG 投資を不当に抑制してきたとの反
省から、受託者が、経済的に優位な投資先を選択するという受託者
責任と整合する限り、投資のリスク・リターンの評価や投資先の選
択に当たって ESG の要素を考慮することが禁止されていないこと
を明確化した。

⑵　PRI 報告書「21 世紀の受託者責任」

PRI は、2015 年 9 月 に 発 表 し た「21 世 紀 の 受 託 者 責 任」
（Fiduciary Duty in the 21st Century）と題する報告書において、以下
の通り、ESG 要素を考慮しないことはむしろ受託者責任に反する
と指摘している。

・投資実務において、環境の問題、社会の問題および企業統治の問
　題など長期的に企業価値向上を牽引する要素を考慮しないことは、
　受託者責任に反することである。

・機関投資家が受託者責任を果たしているか否かを評価するには、
　達成された成果と採用されたプロセスの両方が非常に重要である。
　例えば、座礁資産としての財務上の懸念を理由として高炭素資産
　に投資しないという決定は、その決定が信頼できる前提と確固た
　るプロセスに基づくことを条件として、受託者責任に沿ったもの

---

1)　Interpretive Bulletin Relating to the Fiduciary Standard Under ERISA in
　　Considering Economically Targeted Investments

第2章　機関投資家の ESG 投資におけるエンゲージメント（対話）

であるとされる可能性が高い。

・投資の調査及びプロセスに ESG 問題を組み込むことは、投資家が受託者責任に沿ったより適切な投資決定を行うことを可能にし、かつ投資パフォーマンスの改善を可能にする。その結果、優れたガバナンスを有する企業への資本配分がなされ、投資家は、よりグリーンな経済とより持続可能な社会という目標に一層貢献できる立場に置かれることになる。

(3)　GPIF における位置付け

年金積立金管理運用独立行政法人（GPIF）は 2015 年 9 月、ESG 投資の推進の一環として国連責任投資原則（PRI）に署名したことを発表したところ、同発表に当たって、受託者責任を果たすためのスチュワードシップ活動の一環として PRI に署名したことを明確にしている。

GPIF が受託機関投資家向けに 2017 年に発表した「スチュワードシップ活動原則」においても、以下の通り、投資における ESG の考慮を要請している。

・投資先企業における ESG（環境・社会・ガバナンス）を適切に考慮することは、被保険者のために中長期的なリスク調整後のリターンの拡大を図るための基礎となる企業価値の向上や持続的成長に資するものであり、投資に ESG の要素を考慮することの意義は大きいと考えられることから、運用受託機関は、セクターにおける重要性、企業の実情等を踏まえて、ESG 課題に取り組むこと。

・運用受託機関は、重大な ESG 課題について積極的にエンゲージメントを行うこと。

・運用受託機関は、PRI（責任投資原則）への署名を行うこと。

第 2 部　逐条解説

3　目的②：人権尊重責任

⑴　指導原則が機関投資家に対し求める人権尊重責任

　国連ビジネスと人権指導原則は、機関投資家を含む企業が人権尊重責任を負うことを確認しており、その責任を果たす一環として、人権デュー・ディリジェンス（人権DD）を果たすことを要請している。

　人権DDとは、企業活動がインベストメントチェーンを通じて間接的であれ人権に負のインパクトを与える場合にその影響を評価し、これに対処することも含まれる。指導原則の原則13および原則19の解説によれば、人権侵害と企業の関係は、図表2-2-1の通り、「① Cause、② Contribute、③ Linkage」という3つの関係に分類され、その関係に応じて、企業に求められる行動は異なっている。自社のインベスメントチェーンにおいて人権侵害が生じている場合、少なくとも③人権侵害企業と取引関係（Linkage）を有しているものと評価され、当該企業に対し人権侵害を停止するように影響力（Leverage）を行使することが要求される。

　インベストメントチェーンにおいて、機関投資家は、投資先企業に対し、その取引関係上影響力を有する場合が多い。指導原則は、企業が人権侵害企業に対して取引関係上の影響力を有していない場合にも、取引相手方の対応能力を強化するなど是正のインセンティブを提供したり、他のアクターと協力することで影響力を高めたりすることを推奨している。

　なお、留意が必要なのは、指導原則は、インベストメントチェーンにおいて人権侵害が発生した場合に直ちに当該人権侵害を発生させた投資先企業との取引関係を終了させることまでは要求していないことである。人権侵害企業との間の取引関係の終了を検討する前に、影響力を行使して人権侵害企業に是正措置を求めるという段階的措置を推奨している。

84

図表 2-2-1 人権侵害と企業の関係の分類

人権侵害と企業の関係	企業に求められる行動
①直接的に人権侵害を引き起こしている場合（Cause）	人権侵害の停止及び被害回復
②人権侵害を助長している場合（Contribute）	人権侵害の助長の停止及び被害回復
③人権侵害を引き起こしている企業と取引関係を有している場合（Linkage）	人権侵害企業に対する影響力（Leverage）の行使

(2) OECD「機関投資家の責任ある企業行動ガイダンス」

　上記指導原則の人権 DD の要素は、責任ある企業行動のあり方を規定する OECD 多国籍企業行動指針にも組み込まれ、その中核的な要素となっている。

　OECD は、セクター別に OECD 多国籍企業行動指針の実践方法に関するガイダンスを採択しているところ、機関投資家との関係では、2017 年に、機関投資家向けのガイダンスとして「機関投資家の責任ある企業行動ガイダンス」（Responsible business conduct for institutional investors）を発表した[2]。

　同ガイダンスにおいても、機関投資家の投資先企業に対する DD、特に影響力の行使に関する解説がなされており、参考となる。

(3) 人権尊重責任と受託者責任の関係

　指導原則及び OECD 多国籍企業行動指針は、現在、企業におけるグローバルな行動基準となっており、人権尊重責任は SDGs の目標を果たすための基本的責任としても位置付けられている。

　投資先企業が直接的・間接的であれ人権侵害に関与した場合には、レピュテーションを毀損するばかりではなく、顧客・消費者・投資家・金融機関などから信頼を失い、売上にも影響する可能性がある。

---

2)　https://mneguidelines.oecd.org/RBC-for-Institutional-Investors.pdf

第2部　逐条解説

そのため、中長期的な視点でとらえた場合には、機関投資家が投資先企業に対する影響力の行使を通じて人権尊重責任を果たすことは、投資先企業の持続可能性を下支えし、受託者責任を果たしていくことにもつながる。

第2条　企業不祥事発生の判断基準

> **第2条　企業不祥事発生の判断基準**
> 　機関投資家が有事エンゲージメントを実施すべき、ESG 関連リスクの顕在化としての「企業不祥事」が発生しているか否かの判断に当たっては、当該企業の行動に関して、以下の要素を考慮すべきである。
> 　①　法令違反の程度（法令にはハードロー・ソフトローを含む）
> 　②　消費者・取引先・地域社会・従業員・投資家などステークホルダーに対する負の影響の程度
> 　③　メディアやステークホルダーの反応
> 　④　第三者委員会・社内調査委員会の設置の状況

1　意義

本条は、機関投資家が有事エンゲージメントを実施する端緒となる「企業不祥事」の判断要素を示している。

2　ESG と企業不祥事の関係

企業不祥事に関する各判断要素を分析する前提として、そもそもESG と企業不祥事がどのような関係にあるかについて分析する。

(1)　ESG 関連リスクの顕在化としての企業不祥事

以下の通り、近年の企業不祥事は、単に企業の法令違反を生じさせた結果としてのみ説明できるものばかりではなく、企業が環境・社会・ガバナンスの面でステークホルダーから信頼を裏切ったことによる懸念や反発が高まった結果として、発生・拡大するものが多

86

第2章　機関投資家の ESG 投資におけるエンゲージメント（対話）

い。

　ESG のうち G（ガバナンス）の機能不全は、ほとんどの企業不祥事における原因として指摘されるところである。そこで、本書では、E（環境）・S（社会）関連リスクが顕在化した事例を取り上げる。

a　ESG のうち特に社会（S）に関するリスクが顕在化した国内事例

・居酒屋チェーン運営会社の女性従業員過労自殺問題

　2012 年 2 月頃より、本問題に関する創業者の不適切な発言や会社の対応がメディアにおいて厳しく批判され、「ブラック企業」というレッテルを貼られ、顧客の足も遠のき売上も下落した。その結果、2015 年末ころまで株価の下落の傾向が止まらなかった。

・大手広告代理店の女性従業員過労自殺事件

　労働基準法違反で書類送検・起訴されたばかりではなく、その過重労働を容認するかのような企業理念に関してメディアにおいて厳しい批判を受け、かつ複数の国・地方公共団体から入札資格の停止措置を受け受注の機会を失う事態に陥り、経営トップも辞任に追い込まれた。

・アパレルメーカーの海外委託工場における労働問題

　アパレルメーカーの海外委託工場による過酷な労働環境について外部の人権 NGO が調査を実施し公表を行った結果、当該企業のブランド価値を毀損する結果となった。本事例については、日本取引所自主規制法人発表の「上場会社における不祥事予防のプリンシプル」の原則 6 に関連して、不祥事につながった問題事例としても紹介されている。

b　環境（E）に関するリスクが顕在化した事例

・海外事例として、環境省の「ESG 投資に関する基礎的な考え方」（25 頁）では、①石油企業がメキシコ湾で原油掘削中に爆発事故が発生し、大量の原油が海洋へ流出した事件、②自動車メーカーが排出ガス規制をクリアするため、不正なソフトウェアを自社製

87

第 2 部　逐条解説

造自動車に搭載し販売した事件、③清涼飲料メーカーのアジア地域所在の工場で地下水をくみ上げた結果、周辺住民の飲料水や生活用水が枯渇し水質汚染も進んだ事件が挙げられている。
・国内事例としては、産業廃棄物が不法投入され企業の排出者責任が問われた豊島事件、大手製鉄所による排水データ改ざん事件等が挙げられる。

3　機関投資家議決権行使基準における「不祥事」の定義

　以下の通り、機関投資家における議決権行使基準においても、議決権行使のトリガーとなり得る投資先企業の不祥事の定義を「反社会的行為」などとして広くとらえているものが多い。

図表 2-2-2　**議決権行使基準における不祥事の定義・位置付け**

	不祥事の定義・位置付けの例
三井住友信託銀行「責任ある機関投資家としての議決権行使（国内株式）の考え方」	・不祥事が発生した企業において、当該不祥事に対して関与、監督責任等があると判断される役員候補者の選任に反対 ・当該企業の組織的関与が認められる場合を「不祥事」と定義。 　①独占禁止法、贈収賄等の法令違反、②不適切会計、決算遅延、③不正検査やデータ改ざん等の不適切行為により、経営上影響が発生している場合、④社会的妥当性のない行為により会社の社会的信用が失墜している場合、⑤その他、社会や環境に深刻な影響をもたらす行為
アセットマネジメントone「受託資産運用における議決権行使ガイドライン（国内株式）	・企業の法令違反・不祥事等が顕在化した場合　当該企業に関しては、事実確認の他、再発防止等の体制の整備やその後の対応等を勘案の上で個別判断を行う。 ・「不祥事」とは、法令違反・不祥事等が発生し、株主価値の毀損もしくは社会的信用の失墜により経営上の影

88

第2章　機関投資家のESG投資におけるエンゲージメント（対話）

および議案判断基準」（みずほ信託銀行が運用委託）	響が生じている場合を指す。具体的には、<u>顧客（消費者含む）・取引先・債権者・従業員・地域社会等の利害関係者に対する作為・不作為による違法行為、その他社会通念上不適切であると認められる非道徳的行為</u>により会社の社会的信用を失墜するに至った行為等のこと。 具体例：総会屋への利益供与、贈収賄、談合、競争入札の妨害、脱税、詐欺、不正会計等の企業犯罪や非道徳的な行為
りそな銀行 「議決権に関する具体的行使基準（国内株式）」	・法令違反行為、行政処分が科された行為、<u>公序良俗に反する行為、環境問題への不適切な対応等、社会的責任の観点から問題となる行為</u>をなした企業を「反社会的行為を行った企業」として選定し、ガバナンス強化を考慮した賛否判断を行う。 ・明らかに株主価値毀損に繋がると判断される場合、責任を取るべき取締役・監査役の再任に反対する。また、責任を取るべき取締役・監査役への役員賞与支給および退職慰労金支給にも反対する。
野村アセットマネジメント 「グローバルな議決権行使の基本方針」	・議決権を行使するに当たって、株式価値を向上させると判断される議案には賛成し、株式価値を毀損させると判断される議案には反対する。 ・不祥事、法令・取引所規則の違反及びESG課題への取組や社会良識等の観点から問題がある行為は、株式価値を毀損するものとみなす。
ブラックロック・ジャパン 「議決権行使に関するガイドライン（日本株式）」	法令違反、刑事訴追、不正会計、<u>公序良俗に反する行為</u>など重大な社会的不祥事が発生し、社会的信用が失墜して経営上影響が生じている場合は、責任があると認められる役員の再任に反対する。
アムンディ・ジャパン 「国内株式議決権行使のガイドライン」	・議決権行使に当たって、原則ネガティブ評価として企業の反社会的行為を規定。 ・反社会的行為とは、<u>国民の安全な社会生活を脅かす行為ならびに法人格を与えられた企業が社会的責任を全う</u>

第2部　逐条解説

	していないことを指す。本規則において安全な社会生活を脅かす行為とは、生命、健康、財産、プライバシー、環境、労働条件、人権その他を損ねる行為を指すものとする。また社会的責任とは納税、法令・商慣行の遵守、説明責任の遂行が該当する。 ・反社会的行為として認識すべき事例を列挙。 ①環境汚染を引き起こすプロジェクトを遂行（ただし巨大ダム建設、大規模開発、プルサーマル計画などは国益や国家戦略を十分理解した上で判定）。 ②十分に予見され、資金力があったにもかかわらず環境汚染問題に対応しない（企業としてベスト・プラクティス〈最善の行為規範〉に則って行動しない）。 ③健康・安全を脅かす商品・サービスの提供（武器禁輸国への軍事関連財・サービスの提供を含む）およびその他の行為 ④雇用の機会均等を遵守しない、または不法就労・強制労働に荷担する。 ⑤犯罪行為、重大な法令違反行為 ⑥重大な過誤による国民の資産の損壊・滅失・減価 ⑦トラブル発生時に説明責任、捜査協力義務を果たさない。

（下線は執筆者において追記）

4　不祥事の判断基準

本条が規定する「企業不祥事」の判断における各要素について、以下解説する。

⑴　①法令違反の程度（法令にはハードロー・ソフトローを含む）

重大な法令違反が判明した場合、企業は民事・刑事・行政法上の法的責任を負い、その結果企業価値の毀損を招くことが大きい。その意味で、法令違反の程度が企業不祥事に関する重要な判断要素と

なることは異論がないものと思われる。

　ただし、この判断要素における法令には、ハードローのみならず、法的拘束力や法的制裁のないソフトローを含む。ソフトローに違反した場合、法的制裁は存在しないものの、ステークホルダーの信頼を失い、それが経済的損失やブランド価値の毀損につながる可能性がある。

　特にサプライチェーン管理やESG投資の拡大の傾向をふまえ、ソフトローが調達基準・投融資基準への組み込まれるケースも増加している。このような場合にはソフトローの違反は、調達基準・投融資基準の違反につながり、取引停止や投融資の引揚げなどにもつながり得るという面で、企業価値の毀損につながりやすい。

⑵　②消費者・取引先・地域社会・従業員・投資家などステークホルダーに対する負の影響の程度

　企業活動の消費者・取引先・地域社会・従業員・投資家などステークホルダーに対する負の影響が大きい場合には、ステークホルダーの反発・懸念を招きやすくなるという点で、企業不祥事にもつながりやすい。

　このようなステークホルダーへの影響を評価するに当たっては、環境影響評価や指導原則に基づく人権DDの手法を参考とすることが有益である。

⑶　③メディアやステークホルダーの反応

　企業が引き起こした問題に関して、メディアやステークホルダーの反応・懸念が大きければ大きいほど、レピュテーション低下、買い控え、取引停止、投融資の引揚げを引き起こし、企業価値の毀損にもつながりやすい。

　そのような観点から、不祥事等に関するメディアチェックを継続的に行い、メディアやステークホルダーの反応をモニタリングしている機関投資家も多い。例えば、アセットマネジメントoneの「国内株式の議決権行使に関するガイドラインおよび議案判断基準」

第2部　逐条解説

には、不祥事等に関するメディアチェックとして「日系主要紙・監督省庁ホームページ等にて、法令違反・不祥事等への関与等の記事が掲載された企業について抽出する。」と記載されている。

⑷　④第三者委員会・社内調査委員会の設置の状況

企業が第三者委員会・社内調査委員会を設置している場合には、企業が自ら不祥事の発生を認識した上で対応しているものといえるから、不祥事が発生していると判断することが容易である。

第3条　有事エンゲージメントの開始時期

> **第3条　有事エンゲージメントの開始時期**
>
> 　機関投資家は、「企業不祥事」の発生が確実であると判断できない場合であっても、ESG関連リスクが顕在化し企業不祥事が発生するリスクがあると判断した場合には、企業不祥事による投資先企業の企業価値の毀損が拡大するのをあらかじめ防止するために、第2節の規定に従い、必要に応じて、有事に準じたエンゲージメント（対話）を実施すべきである。

第2条は企業不祥事に関する判断要素を提示しているが、実際に企業価値を毀損したと評価できる程度の企業不祥事が発生したと確実に判断することが困難な場合もあり得る。

とはいえ、多くの企業不祥事は突如として発生するのではなく、いくつもの小さな不正がそれを是正するためのガバナンスが機能せずに積み重なり、最終的に重大な問題に発展し、企業不祥事に至ることが多い。

そのような状況をふまえれば、たとえ不祥事発生が確実とまで判断できなくても、そのリスクがある場合には、企業は、不正を芽のうちに摘み、不祥事をあらかじめ予防の観点から対応することが有益である。同様に、機関投資家においても、投資先企業に対し不祥事予防の観点からエンゲージメントを行うことが有益である。

92

第 2 章　機関投資家の ESG 投資におけるエンゲージメント（対話）

　以上の趣旨から、本条は、たとえ投資先企業の不祥事発生が確実とまで判断できなくても、そのリスクがある場合には、第 2 節企業不祥事防止のための平時エンゲージメント（対話）の規定に従った働きかけを行うことを機関投資家に推奨している。

第 4 条　有事エンゲージメントの方法

> **第 4 条　有事エンゲージメントの方法**
> 　機関投資家は、有事エンゲージメントの方法としては、インサイダー取引規制に留意しつつ、以下の方法を検討すべきである。
> ⑴　原因解明・再発防止の要求
> 　　機関投資家は、投資先企業に対し、日本取引所自主規制法人の「上場会社における不祥事対応のプリンシプル」に従い、企業不祥事の原因解明及び再発防止を適切に実施するように要求する。投資先企業が第三者委員会等を設置する場合には、委員の独立性、調査対象の網羅性、調査方法の有効性を十分に確保するように働きかける。
> ⑵　不祥事対応に関する情報開示
> 　　機関投資家は、投資先企業に対し、日本取引所自主規制法人の「上場会社における不祥事対応のプリンシプル」に従い、企業不祥事の原因解明及び再発防止に関する状況を、適時に開示するように働きかける。
> ⑶　議決権の行使
> 　　機関投資家は、⑴⑵の要求に関わらず、投資先企業の取締役が、企業不祥事の原因解明及び再発防止を適切に実施・開示していない場合、又はその資質や姿勢が足りないと認める場合には、株主総会において、取締役の選解任等に関して議決権を行使することにより影響力を行使する。
> ⑷　集団的エンゲージメントの有効性
> 　　機関投資家は、投資先に対する影響力を高めるために、必要に応じて、他の機関投資家と協働して、⑴ないし⑶規定のエンゲー

第2部　逐条解説

ジメント（対話）を実施することを検討する[3]。

(5)　継続的なエンゲージメント（対話）の必要性

　機関投資家は、投資先企業に対し(1)ないし(4)規定のエンゲージメント（対話）を一定期間にわたって継続的に実施し、投資先企業の改善状況を定期的に確認する。

1　意義

　本条は、機関投資家は、有事エンゲージメントの方法に関して、「上場会社における不祥事対応のプリンシプル」を参照としつつ、様々な選択肢を示している。

2　「不祥事対応プリンシプル」の内容と投資家の役割

　本条(1)(2)は、機関投資家が、投資先企業に対し、その不祥事発生時に、日本取引所自主規制法人「上場会社における不祥事対応のプリンシプル」に沿った対応を促すべきことを規定している。

　不祥事対応プリンシプルを通じて、投資先企業の不祥事発生時の際の機関投資家のエンゲージメントのあり方については、共通理解を明確化することが可能である。

　各条項におけるエンゲージメントの方法に関する解説の前提として、不祥事対応プリンシプルの概要を説明する。

(1)　不祥事対応プリンシプルの趣旨

　不祥事対応プリンシプルの趣旨は、ステークホルダーの信頼を回

---

3)　SSコード改訂版解説4－4は、機関投資家が投資先企業との間で対話を行うに当たっては、他の機関投資家と協働して対話を行うこと（集団的エンゲージメント）が有益な場合もあり得る旨規定している。また同脚注12の規定の通り、2014年2月に公表された金融庁の「日本版スチュワードシップ・コードの策定を踏まえた法的論点に係る考え方の整理」（http://www.fsa.go.jp/singi/stewardship/legalissue.pdf）は、具体的にどのような場合に大量保有報告制度における「共同保有者」（及び公開買付制度における「特別関係者」）に該当するかについて、解釈の明確化を図っている。

94

復し、企業価値の再生を確実にするための不祥事対応の在り方を明確にすることにある。

同プリンシプル前文によれば、上場会社には、株主をはじめ、顧客、取引先、従業員、地域社会など多様なステークホルダーが存在する。上場会社の不祥事（重大な法令違反その他の不正・不適切な行為等）は、その影響が多方面にわたり、当該上場会社の企業価値の毀損はもちろんのこと、資本市場全体の信頼性にも影響を及ぼしかねない。したがって、上場会社においては、パブリックカンパニーとしての自覚を持ち、自社（グループ会社を含む）に関わる不祥事又はその疑いを察知した場合は、速やかにその事実関係や原因を徹底して解明し、その結果に基づいて確かな再発防止を図る必要がある。上場会社は、このような自浄作用を発揮することで、ステークホルダーの信頼を回復するとともに、企業価値の再生を確かなものとすることが強く求められていると言及している。

しかしながら、上場会社における不祥事対応の中に、一部に、原因究明や再発防止策が不十分であるケース、調査体制に十分な客観性や中立性が備わっていないケース、情報開示が迅速かつ的確に行われていないケースなども見受けられたこともプリンシプル前文は指摘している。

(2) 不祥事対応プリンシプルの性質

本プリンシプルの各原則は、従来からの上場会社の不祥事対応に概ね共通する視点をベースに、最近の事例も参考にしながら整理したものであり、ルールベースではなく、プリンシプルベースの内容となっている。

プリンシプル前文によれば、本来、不祥事への具体的な対応は各社の実情や不祥事の内容に即して行われるもので、すべての事案に関して一律の基準（ルール・ベース）によって規律することには馴染まない。他方、それらの対応策の根底にあるべき共通の行動原則があらかじめ明示されていることは、各上場会社がそれを個別の判

第2部　逐条解説

断の拠り所とできるため、有益と考えられる。

(3)　不祥事対応プリンシプルの要素

　不祥事対応プリンシプルは、不祥事対応の原則として、①不祥事の根本的な原因の解明、②第三者委員会を設置する場合における独立性・中立性・専門性の確保、③実効性の高い再発防止策の策定と迅速な実行、④迅速かつ的確な情報開示という4つの要素を挙げている。

(4)　不祥事対応における機関投資家の役割

　企業活動において自社（グループ会社を含む）に関わる不祥事又はその疑義が把握された場合には、当該企業は、不祥事対応プリンシプルに従い、必要十分な調査により事実関係や原因を解明し、その結果をもとに再発防止を図ることを通じて、自浄作用を発揮する必要がある。

　しかし、不祥事対応プリンシプルが指摘する通り、上場会社における不祥事対応の中に、一部に、原因究明や再発防止策が不十分であるケース、調査体制に十分な客観性や中立性が備わっていないケース、情報開示が迅速かつ的確に行われていないケースなども見受けられている。このような場合、ステークホルダーからさらなる反発・懸念を招き、さらなる企業価値の毀損を招くことにもつながりかねない。

　このような状況を防止するためには、企業の重要なステークホルダーである投資家が、不祥事が発生した投資先企業に対し適切な対応を促していくことが、ステークホルダーからの信頼回復を図り、企業価値の再生を確実にしていく観点からきわめて有益である。このようなエンゲージメント活動が最終的に機関投資家やその背後のアセットオーナー自体の中長期的利益にもつながる。

　スチュワードシップ・コード指針4-1も「投資先企業の状況や当該企業との対話の内容等を踏まえ、当該企業の企業価値が毀損されるおそれがあると考えられる場合には、より十分な説明を求める

96

など、投資先企業と更なる認識の共有を図るとともに、問題の改善に努めるべきである」と規定している。

3 第4条(1)原因解明・再発防止の要求に関する留意点

(1) 原因解明・再発防止の意義

第4条(1)は、機関投資家による投資先企業に対する有事エンゲージメントの方法の1つとして、原因解明・再発防止の要求を行うことを推奨している。

企業が不祥事の原因を解明し、再発防止を図ることは、企業が自浄作用を発揮し、ステークホルダーの信頼を回復するために不可欠であることから、機関投資家としても投資先企業に対しそのための働きかけを行うことが有効である。

(2) 「不祥事対応プリンシプル」との整合性

不祥事対応プリンシプルも、企業に対し、①不祥事の根本的な原因の解明と③実効性の高い再発防止策の策定と迅速な実行を推奨しており、機関投資家がこれらの点に関するエンゲージメントを行うことは不祥事対応プリンシプルとも整合し、かつその実効性の確保に貢献するものと評価できる。

(3) 第三者委員会の設置の場合の留意点

第4条(1)は、機関投資家に対し、投資先企業が第三者委員会等を設置する場合には、委員の独立性、調査対象の網羅性、調査方法の有効性を十分に確保するように働きかけることも推奨している。

このことは、不祥事対応プリンシプルが、上場企業に対し、第三者委員会を設置する場合における独立性・中立性・専門性の確保を推奨していることと整合している。

(4) エンゲージメントの時期

a 調査結果や再発防止策を行う前段階

機関投資家による投資先企業に対する原因解明・再発防止の要求に関するエンゲージメントに関しては、投資先企業の不祥事発生直

第2部　逐条解説

後から、投資先企業内でいかなる調査を行うか、またいかなる再発
防止策を策定するかに関しても働きかけを行うことが効果的である
と思われる。

しかし、不祥事発生直後の調査結果や再発防止策発表の前の段階
では、未公開の重要事実も存在する場合が多く、機関投資家が投資
先企業とエンゲージメントを通じてそのような情報に触れてしまっ
た場合には、インサイダー取引に巻き込まれるリスクに留意が必要
である。

そのようなリスクを回避するためには、機関投資家は、投資先企
業とのエンゲージメントに当たっては、投資先企業に対し、未公開
の重要事実を開示しないように要請し、可能であればその誓約を取
得しておくことも有益である。

また、機関投資家が、投資先企業に対し、不祥事が発生する前の
平時から、企業不祥事が発生した場合に適切な不祥事対応を実施で
きるように体制を整備しておくように働きかけを行うことも有益で
ある。

b　調査結果や再発防止策の発表後の段階

投資先企業の調査結果や再発防止策の発表後の段階においても、
不祥事対応プリンシプルに即したものか、すなわち、調査結果が根
本的な原因を解明するものであるか、また実効性の高い再発防止策
が策定されているかを検証し、不十分な場合には、追加の調査や検
討を行うように働きかけを行うことも考えられる。

また、投資先企業が発表した調査結果やそれをふまえた再発防止
策を前提としても、再発防止策が実行されているか否かは不透明な
場合も多く、事後的なモニタリングとフォローアップも必要である。
そのため、機関投資家が、投資先企業に対して、再発防止策の実施
状況に関して対話を行い、確実な実施を働きかけることも有益であ
る。

第 2 章　機関投資家の ESG 投資におけるエンゲージメント（対話）

⑸　エンゲージメントの相手方

　機関投資家のエンゲージメントに対しては、投資先企業の IR 部門やその担当役員が担当者として対応することが通常である。

　しかし、不祥事発生時においては、これらの者にあわせて社外役員の同席を求めることも有益である。

　企業不祥事発生時には、企業経営陣を含む業務執行部門だけでは、その経営責任や法的責任を回避するために、不十分な調査により問題を矮小化しようとする動機が働き、十分な自浄作用が働かない場合があるからである。そのような場合に、社外役員がリーダーシップを発揮することが期待される。

　不祥事対応プリンシプルも、①不祥事の根本的な原因の解明に当たって、「独立役員を含め適格な者が率先して自浄作用の発揮に努める」べきことを規定している。第三者委員会格付け委員会も、2018 年 2 月の声明において、社外役員は、経営者が安易で不十分な調査に逃げないよう、リーダーシップを発揮し、確かな企業価値の再生に向けた道筋を付けるべき旨を提言している。

　機関投資家協働対話フォーラムも、集団的エンゲージメントの一環として、2018 年 7 月に「不祥事発生企業への、情報開示と社外役員との協働対話のお願い」[4] を送付しているところ、その中で社外役員との協働対話の場の設定を要請している。

4　第 4 条⑵情報開示における留意点

⑴　有事における情報開示の意義

　第 4 条⑵は、機関投資家による投資先企業に対する有事エンゲージメントのもう 1 つの方法として、企業不祥事の原因解明及び再発防止に関する状況を、適時に開示するように働きかけることを要請している。

---

4)　https://www.iicef.jp/pdf/jp/pdf_jp_20180719.pdf

第2部　逐条解説

企業不祥事発生時においては、ステークホルダー間において企業が情報を隠蔽しているのではないかという懸念や不安が高まり、さらなる企業価値の毀損を招くことが多い。このような不祥事拡大を防止し、ステークホルダーの信頼をつなぎとめる観点からも企業が迅速かつ的確な情報開示を行うことが期待されている。

また、投資先企業による情報開示を通じて、機関投資家と投資先企業との間で、現状に関する認識を共有することは、企業価値の再生に向けた建設的な対話のために不可欠な前提としても位置付けられるものである。

(2)　「不祥事対応プリンシプル」との整合性

不祥事対応プリンシプルも、企業に対し、④迅速かつ的確な情報開示を推奨しており、機関投資家が情報開示に関するエンゲージメントを行うことは不祥事対応プリンシプルとも整合し、かつその実効性の確保に貢献するものと評価できる。

(3)　日弁連 ESG ガイダンス第 1 章との整合性

日弁連 ESG ガイダンス第 1 章企業の非財務情報開示における第 14 条第 1 文も、「ESG に関する企業不祥事が発生した場合、上場企業においては、日本取引所自主規制法人の『上場会社における不祥事対応のプリンシプル』などに従い、不祥事原因を調査した上、迅速かつ的確な情報開示を行うべきである。」と規定している。

したがって、機関投資家が情報開示に関するエンゲージメントを行うことは日弁連 ESG ガイダンス第 1 章とも整合しかつその実効性の確保に貢献するものと評価できる。

(4)　情報開示・エンゲージメントの方法に関する留意点

企業不祥事に関する情報には、企業価値に重大な影響を与える重要事実も存在する場合がある。

投資先企業が一部の機関投資家に対してのみそのような重要事実を開示した場合、企業においてフェアディスクロージャールールに反する結果となりかねない。一方、開示を受けた機関投資家側も、

インサイダー取引に巻き込まれるリスクが生じる。

　機関投資家は、投資先企業とのエンゲージメントに当たっては、投資先企業に対し、未公開の重要事実に関しては、一部の機関投資家のみに対し開示する方法ではなく、一般に公開する方法で開示を行うように要請をすることが有益である。

　このような観点から、日弁連 ESG ガイダンス脚注 16 は、「企業不祥事に関する事情については、金融商品取引法 166 条が規定するインサイダー取引規制の対象となる重要事実として認定される可能性があるため、機関投資家が、投資先企業に対し情報開示を求めるに当たっては、重要事実を機関投資家のみに開示しないように要請すべきである。一方、適時の開示が望ましい重要事実については、フェアディスクロージャーの観点から公開すべきである。」と規定している。

　留意点の詳細は、第 3 部第 4 章「開示・エンゲージメントにおける金商法上の法的論点」を参照されたい。

5　第 4 条(3)議決権の行使

(1)　議決権行使の意義

　第 4 条(3)は、機関投資家による投資先企業に対する有事エンゲージメントの方法として、議決権行使を規定している。

　議決権行使は、機関投資家が企業に対し、適切な不祥事対応を促すために、その影響力を行使するための重要な手段であり、効果的に活用することが期待されている。

(2)　段階的対応の有効性

　ただし、一言で企業不祥事といっても、役員の経営責任・法的責任の程度、企業価値の毀損の程度、不祥事発生後の対応状況は、多種多様である。

　そのため、機関投資家は、まず、①原因解明・再発防止の要求や、②情報開示の要求などのエンゲージメントを行い、企業の自浄作用

第2部　逐条解説

の発揮を促すことが一般的には適切といえる。

　このようなエンゲージメントに関わらず、投資先企業の取締役が、企業不祥事の原因解明及び再発防止を適切に実施・開示していない場合、又はその資質や姿勢が足りないと認める場合には、株主総会において、取締役の選解任等に関して議決権を行使することにより影響力を行使するといった段階的な対応をとることが有益である。

(3)　議決権行使基準における位置付け

　図表2-2-2の「議決権行使基準における不祥事の定義・位置付け」からも明らかな通り、企業不祥事が発生した場合、そのことを役員の選任など議案の議決権行使における考慮要素として位置付けている機関投資家が多い。

　一方、不祥事が発生した場合も、企業が適切な対応・説明を行えば、否定的な議決権行使を受けることも免れることを議決権行使基準で明記している機関投資家も存在する。例えば、ブラックロック・ジャパンの基準では、不祥事発生時の役員再任の反対を原則としつつも「ただし、速やかかつ適切な社内対応や処分が公表され、社会的信用の回復が図られている場合は、必ずしもこの限りでない。」と明記している。

　また、議決権行使の前提として、機関投資家が投資先企業に対し、不祥事対応に関してエンゲージジメントを求める機会も増加している。このようなエンゲージメントの実施を議決権行使基準で明記している機関投資家も存在する。

　例えば、三井住友信託銀行の行使基準では、「不祥事が発生した企業には、再発防止策や改善策の実施状況、コーポレートガバナンス向上に向けた取り組みについて十分な説明を求め、その内容を踏まえた行使判断を行います。」とエンゲージメントの実施について明記している。

6　集団的エンゲージメント

(1)　集団的エンゲージメントの重要性

SS コード改訂版指針 4 - 4 は、機関投資家が投資先企業との間で対話を行うに当たっては、他の機関投資家と協働して対話を行うこと（集団的エンゲージメント）が有益な場合もあり得る旨規定している。

また、同脚注 12 の規定の通り、2014 年 2 月に公表された金融庁の「日本版スチュワードシップ・コードの策定を踏まえた法的論点に係る考え方の整理」(http://www.fsa.go.jp/singi/stewardship/legalissue.pdf) は、具体的にどのような場合に大量保有報告制度における「共同保有者」（及び公開買付制度における「特別関係者」）に該当するかについて、解釈の明確化を図り、集団的エンゲージメントの実施を容易にしている。

(2)　機関投資家協働対話フォーラムによる集団的な有事エンゲージメント

実際、企業年金連合会と大手金融機関が連携して設立された機関投資家協働対話フォーラムでは、2018 年 7 月、「不祥事発生企業への情報開示と社外役員との協働対話のお願い」と題するレターを送付し、集団的な有事エンゲージメントを行うことを公表している。

第 5 条　投資対象からの排除

第 5 条　投資対象からの排除

(1)　保有株式の売却

機関投資家は、投資先企業に企業不祥事が発生し、第 4 条規定の有事エンゲージメントを実施したにもかかわらず、投資先企業に改善がみられない場合、必要に応じて、株式の売却を検討すべきである。

第2部　逐条解説

(2)　将来の投資対象からの排除

　　機関投資家は、企業不祥事を発生させた企業について、新たに
　又は追加の投資を行うに当たっては、当該企業の企業不祥事の再
　発の危険性をはじめとするESG関連リスクについて、より慎重な
　調査を実施すべきである。調査の結果、以下の事項が認められる
　場合には、必要に応じて、投資対象から排除することを検討すべ
　きである。
　①　企業不祥事の再発の可能性が著しく高い場合
　②　新たに又は追加の投資を行うことで人権侵害を助長する著し
　　い危険性がある場合

1　意義

　第5条は、機関投資家が不祥事を発生させた企業を投資対象から
排除すること（ダイベストメント）を有事エンゲージメントにおけ
る最終的な手段として規定している。

　機関投資家における投資先の選定・排除は、受託財産の運用手法
や運用委託者の運用指図に関して様々な制約があり、必ずしも
ESG関連リスクの評価のみに基づいて行われるものではない。し
かし、第1条で規定した通り、ESG関連リスクを1つの要素とし
て考慮した上で投資先の選定・排除に関する判断を行うことは受託
者責任の観点からも有益であることから、機関投資家の選択肢の1
つとして規定したものである。

2　排除の方法の種類

　投資対象の排除には、①既に保有済みの株式を売却するか否かと
②新たに又は追加の投資を行うべきか否かという2つの局面がある。
日弁連ESGガイダンス第2章第5条も、第1項で①保有株式の売
却、第2項で②将来の投資対象からの排除という2つの局面に関し
て説明している。

104

第2章　機関投資家の ESG 投資におけるエンゲージメント（対話）

(1)　①保有株式の売却

　保有株式を売却することは、投資先企業に対する非常に強力な影響力の行使の手段となり得る。一方、投資を引き揚げてしまうと、投資先企業の問題はそのまま残存してしまうこととなり、抜本的な解決には至らないという課題もある。

　有事エンゲージメントの一環として保有株式の売却を検討するとしても、それは究極的・最終的な手段であり、その前提として、第4項規定の有事エンゲージメントを実施し、投資先企業の不祥事対応における自浄作用の発揮を働きかけることが有効である。

　そこで、日弁連 ESG ガイダンス第2章第5条第1項は、第4条規定の有事エンゲージメントを実施したにもかかわらず、投資先企業に改善がみられない場合に、必要に応じて、株式の売却を検討すべき旨規定している。

(2)　②将来の投資対象からの排除

　新たに又は追加の投資先を選定するに当たって、判断に当たっては、ESG 関連リスクを含むがこれに限られない様々な要素を考慮した上での投資判断がなされることが通常である。

　とはいえ、既に企業不祥事を発生させた企業については、原因解明と再発防止が徹底されていない限りは、不祥事の再発の危険性が潜在的に高い。このようなリスクの高い取引に関してより慎重な確認を行うことが、リスクベース・アプローチの考え方とも整合し有効である。

　そこで、日弁連 ESG ガイダンス第2章第5条第1項は、機関投資家に対し、不祥事を発生させた企業に対し、ESG 関連リスクについてより慎重な調査を実施することを推奨している。そして、調査の結果、企業不祥事の再発の可能性が著しく高い場合には、必要に応じて、投資対象からの排除を検討することを推奨している。

　また、新たに又は追加の投資を行うことで人権侵害を助長する著しい危険性がある場合には、機関投資家がその人権尊重責任を果た

第 2 部　逐条解説

す観点からこれを防止する必要がある。そのため、この場合も、企業不祥事の再発の可能性が著しく高い場合と同様、必要に応じて、投資対象からの排除を検討することを推奨している。

3　ダイベストメントの実例

　特定の ESG 課題に悪影響を与えるリスクが潜在的に高い商品・サービスを製造するセクター（例えば、石炭産業、石炭火力発電、タバコ、クラスター爆弾、核兵器、ギャンブルなど）を排除するネガティブスクリーニングが、ESG 投資手法の欧米の一部の機関投資家においては、採用されている。

　特に、気候変動分野に関しては、TCFD 提言書の発表をふまえ、温暖化ガス排出に関するリスクが顕在化する過程で、多くの投資家が、特に石炭産業・石炭火力発電などの投資対象から除外する動きが広がっている。

　また、特定のセクター・商品について類型的に投資対象から排除するだけではなく、各企業の行動をベースに国際規範などに照らして問題がないか、ESG 関連リスクをより個別具体的に評価する動きも広がっている。

　例えば、ノルウェー公的年金基金（Government Pension Fund Global, GPFG）の資産運用を行うノルウェー銀行は、2018 年 7 月、PacifiCorp（米国）、Tri-State Generation and Transmission Association（米国）、JBS（ブラジル）、魯泰紡績（Luthai Textile、中国）の 4 社を投資対象から排除することを発表した[5]。

　PacifiCorp と Tri-State Generation and Transmission Association の 2 社については、石炭事業の割合が高い採掘企業及び電力会社への投資を禁止する、同社の石炭基準への抵触を理由としている。

---

5)　https://www.norges-bank.no/en/Published/News-archive/2018/2018-07-10-gpfg/

第2章　機関投資家のESG投資におけるエンゲージメント（対話）

　一方、JBSについては腐敗への関与、魯泰紡績は人権侵害への関与を理由としている。すなわち、JBSは、前経営陣が過去10〜15年にわたり、ブラジルにおける28の政党に所属する1800人以上の政治家に賄賂を渡していたと判断した。一方、魯泰紡績については、ミャンマー・カンボジアの工場における児童労働、労働安全衛生上の危険、労働組合結成の自由の制限などに基づき、許容できない人権侵害があると判断した。

　また、ノルウェー銀行は、農業関連大手UPL（インド）を児童労働への関与があるとし、アクティブオーナーシップ（積極的株主行動）のステータスに置いた。また、年興紡織（Nien Hsing Textile、台湾）を人権侵害への関与で同じく注視（Observation）のステータスに置いている。

第6条　損害賠償請求権の行使

> **第6条　損害賠償請求権の行使**
> (1)　有価証券報告書虚偽記載に基づく請求
> 　　機関投資家は、投資先企業に、有価証券報告書虚偽記載が認められる場合には、必要に応じて、当該企業に対し、金融商品取引法第21条の2に基づく損害賠償請求を行うことを検討すべきである。
> (2)　取締役の善管注意義務違反に基づく請求
> 　　機関投資家は、投資先企業の取締役に、ESG関連リスクの管理を怠るなど善管注意義務違反が認められる場合には、必要に応じて、当該取締役に対する株主代表訴訟を提起することを検討すべきである。

1　意義

本条は、有事エンゲージメントの選択肢として、特に機関投資家

第 2 部　逐条解説

及び会社に損害が発生した場合、有価証券報告書虚偽記載に基づく
請求及び取締役の善管注意義務違反に基づく請求を検討すべきこと
を規定したものである。

　このような損害賠償請求は、投資家が直接的又は間接的に損害を
回復する観点から意義を有するのみならず、企業及びその関係者に
対して不祥事の再発防止に向けた抑止効果も有する。

2　有価証券報告書虚偽記載に基づく請求

⑴　法的根拠

　有価証券報告書等に虚偽記載が行われた場合、虚偽記載のある有
価証券報告書等が公衆縦覧されている間に株式を取得した投資家は、
発行会社に対し、損害賠償請求ができる（金融商品取引法 21 条の 2）。

　この場合、発行会社は、有価証券報告書等の虚偽記載について無
過失責任を負う。損害賠償を請求する株主は、その会社の有価証券
報告書等に虚偽記載があることを立証すれば足り、発行会社に故意
又は過失があることを立証する必要はない。また、有価証券報告書
等の虚偽記載によって生じた損害額についても推定規定が設けられ
ている（同法 21 条の 2 第 2 項）。

　また、有価証券報告書等に虚偽記載が行われた場合、投資家は、
その発行会社の役員に対しても損害賠償請求ができる（同法 24 条の
4 による同法 22 条の準用）。

　有価証券報告書等の虚偽記載に関する発行会社の役員の責任の性
質は、発行会社の責任とは異なり、過失責任であるものの、過失の
立証責任が転換されている。すなわち、役員は、免責が認められる
ためには「記載が虚偽であり又は欠けていることを知らず、かつ、
相当な注意を用いていたにもかかわらず知ることができなかったこ
と」を立証しなければならない（同法 24 条の 4 による同法 22 条の準
用）。また、発行会社に対する損害賠償請求の場合と異なり、損害
額の推定規定が設けられていないため、損害賠償請求を行う株主は、

108

損害と虚偽記載の相当因果関係や、損害額について自ら立証しなければならない。

(2) エンゲージメントとしての意義

上記のような有価証券報告書虚偽記載に基づく請求は、機関投資家にとって損害を回復するための手段として検討されることが多いと思われる。

しかし、同請求は、企業及び役員に対し、虚偽記載という企業のガバナンス機能不全を生じさせる行為を抑止するための規律付けを与え、企業不祥事の再発を防止するという観点で、有益なエンゲージメントとしても評価できる場合もある。

ただし、損害賠償請求は過去の責任を問うというバックワードルッキングなエンゲージメントであるため、将来の行動を促すというフォワードルッキングなエンゲージメントに効果的にもつなげるためには、日弁連 ESG ガイダンス第 2 章第 4 条規定の様々なエンゲージメントを並行して行うことが有益である。

(3) 実例

西武鉄道、ライブドア、オリンパス、IHI、東芝など会計不正を伴う不祥事が発生した多くの事案において、機関投資家により有価証券報告書等の虚偽記載に基づく損害賠償請求が提起されている。

例えば、東芝は、会計不祥事をめぐり、国内外の機関投資家や個人株主から損害賠償請求を受けており、2017 年 12 月末の段階で、34 件の訴状が送達されており、その訴額の合計は約 1,730 億円となっていることを公表している。

3 取締役の善管注意義務違反に基づく請求

(1) 法的根拠

取締役は会社に対し善管注意義務を負う（会社法 330 条・民法 644 条）ところ、その違反が認められる場合、取締役は、会社に対し、損害賠償責任を負う（会社法 423 条）。会社が取締役に対し損害賠償

第2部　逐条解説

請求をしない場合には、株主が、会社の利益を代表して、株主代表訴訟を提起することができる（同法847条）。

コーポレートガバナンス・コード原則2－3は、上場会社は、社会・環境問題をはじめとするサステナビリティー（持続可能性）を巡る課題について、適切な対応を行うべきである旨規定している。また、同コード補充原則2－3は、取締役会は、サステナビリティー（持続可能性）を巡る課題への対応は重要なリスク管理の一部であると認識し、適確に対処すべきである旨規定している。

このような原則にコミットしていながら、ESGに関するリスク管理を怠り、会社に損害を生じさせた場合には、善管注意義務違反に該当する場合もある。このような場合には、当該企業に投資している投資家も、取締役に対する善管注意義務違反に関して、株主代表訴訟を提起することが可能となる。

(2)　エンゲージメントとしての意義

取締役の善管注意義務違反に基づく請求も、取締役に対し、善管注意義務違反というガバナンス機能不全を生じさせる行為を抑止するための市場を通じた規律付けを与え、企業不祥事の再発を防止するという観点で、より有益なエンゲージメントとしても評価できる。本条第1項で記載されている有価証券報告書虚偽記載のような場合を超えて、より広く善管注意義務違反というガバナンス機能不全を生じさせる行為に関して、取締役の責任を追及できるという点でも射程が広い。

ただし、本条第1項で記載されている有価証券報告書虚偽記載損害賠償請求と同様、過去の責任を問うというバックワードルッキングなエンゲージメントであるため、将来の行動を促すというフォワードルッキングなエンゲージメントに効果的にもつなげるためには、日弁連ESGガイダンス第2章第4条規定の様々なエンゲージメントを並行して行うことが有益である。

（3）　実例

株主代表訴訟において取締役の善管注意義務違反に基づく損害賠償責任を認める判決が数多く出されている（例えば大和銀行事件、蛇の目ミシン事件、ダスキン事件など）。

第2節　企業不祥事防止のための平時エンゲージメント（対話）

第7条　平時エンゲージメントの目的

> **第7条　平時エンゲージメントの目的**
> 　機関投資家は、企業不祥事が発生しているとはいえない平時においても、ESG 関連リスクが顕在化し企業不祥事が発生するのをあらかじめ防止し、第1条に規定する目的と同様の目的を達成する観点から、ESG 関連リスクが高い投資先企業に対し、必要に応じて、対話等の措置を実施すべきである（以下「平時エンゲージメント」という。）。

1　意義

第1節は、企業不祥事が発生した際の有事におけるエンゲージメントに関して説明をしているのに対し、第2節は、企業不祥事が発生しているとはいえない平時のエンゲージメントを規定している。

特に第2節の冒頭の規定である第7条は、平時エンゲージメントの目的について規定している。

平時においても、ESG 関連リスクが顕在化し企業不祥事が発生するのをあらかじめ防止する必要がある。有事エンゲージメントの目的と同様、①受託者責任、②人権尊重責任を果たす観点から、機関投資家が投資先企業に対しエンゲージメントを行うことが有益である。

もっとも、機関投資家が、すべての投資先企業に対して一様にエンゲージメントを行うことは現実的ではない。そこで、ガイダンス

第2部 逐条解説

は、リスクベース・アプローチに基づき、ESG 関連リスクが高い
投資先企業に対し、エンゲージメントを実施することを推奨してい
る。

2 ESG 投資の手法における位置付け

(1) ESG 投資手法の種類

従来から、ESG 投資手法には、以下の通り、様々な種類の手法
が存在する[6]。

① ネガティブスクリーニング：特定の ESG 基準に基づき、特
   定のセクター・企業・事業をポートフォリオ・企業から除外す
   る手法

② ポジティブスクリーニング、ベストインクラス：特定の業界
   において ESG パフォーマンスがよいセクター、企業、事業に
   投資する手法

③ 国際規範ベーススクリーニング：国際規範に基づく基準を遵
   守しているか否かの観点からスクリーニングを行う手法

④ ESG インテグレーション：運用担当者の投資分析に ESG の
   要素を組み入れる手法

⑤ サステナビリティテーマ型投資：特定のサステナビリティに
   関するテーマ・アセット（例：クリーンエネルギー、グリーンテ
   クノロジー、持続可能な農業）に対して投資を行う手法

⑥ インパクト投資：環境・社会課題を解決することを目的とし
   た、プライベート投資

⑦ エンゲージメントと株主行動：包括的な ESG ガイドライン
   をふまえた企業行動を変えるための株主として影響力の行使

---

6) Global Sustainable Investment Alliance (GSIA) "Global Sustainable
Investment Review 2016" http://www.gsi-alliance.org/wp-content/
uploads/2017/03/GSIR_Review2016.F.pdf

（対話・コミュニケーション、株主提案、議決権行使などを含む）

(2) 平時エンゲージメントの位置付け

日弁連 ESG ガイダンスにおいて規定している平時エンゲージメントは、上記の ESG 投資手法のうち、ESG 関連リスクに対応する観点からの、⑦エンゲージメントと株主行動の一環として位置付けられるものである。

また、投資対象からの排除を伴う場合には、①ネガティブスクリーニング、③国際規範ベーススクリーニングの要素も含むものである。

日弁連 ESG ガイダンスは、その他の ESG 投資の手法を否定するものでは全くない。しかし、本章「はじめに」においても解説した通り、エンゲージメント（対話）にフォーカスしているのは、ESG 関連リスクへの対応は一朝一夕には成しえず、機関投資家と企業が継続的に建設的な対話を行うことが非常に重要であるという理解に基づく。特にパッシブ運用を行う投資家においては、投資先企業の株式を選別する選択肢が限られているため、エンゲージメントが最も現実的かつ効果的な手法であると評価できる。

第8条　ESG 関連リスクの判断要素

第8条　ESG 関連リスクの判断要素

機関投資家が平時エンゲージメントを実施するに当たって、投資先企業の ESG 関連リスクの程度の判断に当たっては、当該企業の行動に関して、以下の基準を考慮すべきである。

① 法令違反の程度（法令にはハードロー・ソフトローを含む）

② 消費者・取引先・地域社会・従業員・投資家などステークホルダーに対する負の影響の程度

③ メディアやステークホルダーの反応

④ 投資先企業の ESG に関するリスクの評価・管理の状況

第 2 部　逐条解説

1　意義

第 8 条は、ESG 関連リスクの判断要素を列挙している。前記の通り、第 7 条は、リスクベース・アプローチに基づき、ESG 関連リスクが高い投資先企業に対し、エンゲージメントを実施することを推奨している。エンゲージメントを実施すべきか否か、どのようなエンゲージメントを実施すべきかの判断の前提として、投資先企業の ESG 関連リスクを評価することが不可欠である。

2　「不祥事」の判断要素との比較

本条は、「ESG 関連要素」の判断における各要素は、①法令違反の程度、②消費者・取引先・地域社会・従業員・投資家などステークホルダーに対する負の影響の程度、③メディアやステークホルダーの反応、④投資先企業の ESG に関するリスクの評価・管理の状況となっている。

以上の要素のうち、①②③の要素は、日弁連 ESG ガイダンス第 2 章第 2 条の「不祥事」の判断要素とも共通している。日弁連 ESG ガイダンスにおいて、「不祥事」を ESG 関連リスクの顕在化としてとらえている以上、判断要素が共通することは当然のことといえる。

一方、不祥事の判断とは異なる ESG 関連リスクの判断における独自の要素として、④投資先企業の ESG に関するリスクの評価・管理の状況を挙げている。

3　①②③の判断要素に関する留意点

上述の通り、①②③の要素は、不祥事に関する判断要素と共通するが、不祥事発生時とは異なり、平時においては、①法令違反、②ステークホルダーに対する負の影響、③メディアやステークホルダーの反応が、リスクが顕在化していないがゆえに見えにくいという課題がある。

第2章　機関投資家の ESG 投資におけるエンゲージメント（対話）

　このような状況をふまえると、特に平時においては、投資先企業
の事業活動一般に関しサプライチェーンも含め環境・社会分野の影
響を広く評価するためには国連ビジネスと人権に関する指導原則が
要求する人権 DD の手法を参照することが有益である。

(1)　人権 DD とは何か

　人権 DD とは、自社の事業及びサプライチェーンによるステー
クホルダーの人権に対する負の影響（人権リスク）を評価・対処す
るプロセスである。指導原則における「人権」とは、国際的に認め
られた人権を意味し、ステークホルダーの幅広い範囲の人権が含ま
れる。そのため、人権リスクの内容も、企業の環境・社会課題を中
心に、ESG に関連するリスクが広く含まれる。

　人権 DD の方法に関しては、日弁連が 2015 年 1 月に発表した
「人権デュー・ディリジェンスのためのガイダンス（手引）」が参考
となる。

(2)　リスク評価のプロセス

　ESG 関連リスクの評価に当たっては、まず投資先企業のビジネ
スモデルやサプライチェーンなどを把握した上で、様々な政府・機
関が提供する事例・データ・指数などを活用することより、当該企
業が関与する国・地域、業種、サプライヤーなどについて、一般的
にはリスクが高いと認識されている分野を抽出することが有益であ
る。

　投資先企業の事業・サプライチェーンのリスクをより具体的に評
価するに当たっては、上記で抽出されたリスクの高い分野について、
より厳格かつ慎重に調査することが効率的・効果的である。

(3)　外部専門家への相談・ステークホルダーとの対話の重 要性

　投資先企業の企業活動ステークホルダーに対する負の影響を把握
するに当たっては、影響を受ける当該ステークホルダーがそのよう
な情報に最もアクセスできる立場にある一方、企業や投資家が情報

第2部　逐条解説

を取得するのは容易ではない。

　企業や投資家の独断により判断を誤るリスクを回避するためには、リスクの高い分野に関して知見や経験を有する専門家への相談やステークホルダーとの対話を重視しながらリスク評価を実施することも有益である。

4　④の判断要素に関する留意点

　上記の通り、機関投資家は、投資先企業に関して、①②③の要素を独自の立場から分析し、ESG 関連リスクを評価すべきである。これに加えて、機関投資家は、④の要素として、投資先企業自体がESG に関連するリスクをどのように評価し、管理しているのかを確認し、投資家自身のリスク評価を比較対照の上考慮することが有益である。

　たとえ投資先企業が、ESG 関連リスクが潜在的に高い事業を行っているとしても、このようなリスクを投資先企業自身が適切に評価し、適切に管理しているのであれば、リスクは緩和される。

　一方、投資先企業が、ESG 関連リスクが潜在的に高い事業を行っているにもかかわらず、投資先企業がこのようなリスクを適切に評価していない、または適切に管理していない場合には、リスクは高まる。

　このような④投資先企業の ESG に関するリスクの評価・管理の状況という要素を的確に把握するためにも、日弁連 ESG ガイダンス第1章で規定した企業の非財務情報開示が重要となる。

第9条　平時エンゲージメントの方法

> **第9条　平時エンゲージメントの方法**
> 　機関投資家は、ESG 関連リスクの高い投資先企業に対する平時エンゲージメントの方法としては、インサイダー取引規制に留意しつつ、

第 2 章　機関投資家の ESG 投資におけるエンゲージメント（対話）

以下の方法を検討すべきである。

(1)　ESG 関連リスクの評価・対処の要求

　　機関投資家は、投資先企業の ESG 関連リスクを適切に把握・評価した上、これに対処するための適切な内部統制システムの整備を要求する。また、投資先企業に対し、日本取引所自主規制法人の「上場会社における不祥事予防のプリンシプル」に従った行動を要求する。

(2)　ESG 関連リスク対処状況の開示要求

　　機関投資家は、投資先企業に対し、第 1 章規定の非財務情報開示の内容・方法に従い、以下の ESG 関連リスクの評価・管理に関する事項を適時に開示するように要求する。

①　投資先企業のビジネスモデル

②　投資先企業の非財務分野に関する方針及び採用しているリスク評価の手続・基準

③　方針及びリスク評価の実施結果

④　重要なリスクに対する対処状況

⑤　採用している重要成果評価指標（KPI）

(3)　有事エンゲージメントに準じた対応

　　機関投資家は、企業不祥事が発生しているとはいえない平時においても、ESG 関連リスクが顕在化し企業不祥事が発生するのをあらかじめ防止する観点から、第 4 条規定の有事エンゲージメントに準じた方法でエンゲージメント（対話）を行うことが望ましい。もっとも、ESG 関連リスクが顕在化していない局面であることを踏まえたより柔軟な対応が許容される。

1　意義

　本条は、機関投資家は、平時エンゲージメントの方法に関して、「上場会社における不祥事予防のプリンシプル」や有事エンゲージメントを参照としつつ、選択肢を示している。

第2部　逐条解説

2　「不祥事対応プリンシプル」の内容と投資家の役割

本条(1)は機関投資家が、投資先企業に対し、ESG 関連リスクの高い投資先企業に対する平時エンゲージメントの方法としては、日本取引所自主規制法人「上場会社における不祥事予防のプリンシプル」に沿った対応を促すべきことを規定している。

不祥事予防プリンシプルを通じて、投資先企業の不祥事発生を予防するための機関投資家のエンゲージメントのあり方については、共通理解を明確化することが可能である。

各条項におけるエンゲージメントの方法に関する解説の前提として、不祥事対応プリンシプルの概要を説明する。

(1)　不祥事予防プリンシプルの趣旨

不祥事対応プリンシプルの趣旨は、企業不祥事の発生を予防し、企業価値の毀損を予防するための不祥事予防のあり方を明確にすることにあり、同プリンシプル前文によれば、日本取引所自主規制法人は 2016 年 2 月「不祥事対応のプリンシプル」を策定し、不祥事に直面した上場会社の速やかな信頼回復と確かな企業価値の再生に向けた指針を示した。しかし、不祥事がまれな事象でなくなった現状において、不祥事の発生そのものを予防する取組が上場会社の間で実効性を持って進められる必要性が高まっている。そこで、不祥事発生後の事後対応に重点を置いた上記プリンシプルに加えて、事前対応としての不祥事予防の取組に資するため、「不祥事予防のプリンシプル」を策定した。上場会社においては、不祥事対応・予防のプリンシプルを車の両輪として位置付け、実効性の高い取組を推進することが期待されている。

(2)　不祥事予防プリンシプルの性質

本プリンシプルの各原則は、不祥事につながった事例も参考にしながらこれを予防するための取組を整理したものであり、ルールベースではなく、プリンシプルベースの内容となっている。

118

プリンシプル前文によれば、各上場会社は、本プリンシプルをふまえつつ、自社の実態に即して創意工夫を凝らし、より効果的な取組を進めることが期待されている。

(3) 不祥事予防における機関投資家の役割

不祥事予防プリンシプルの前文では、本プリンシプルが上場会社に助言等を行う法律専門家や会計専門家、さらには広く株主・投資者にも共有され、企業外のステークホルダーからの規律付けが高まることも期待されると規定されており、不祥事予防における機関投資家の役割への期待を明記している。

不祥事を予防するためには、企業の重要なステークホルダーである投資家が、投資先企業に対し、適切な不祥事予防を促していくことは、企業価値の毀損を防止する観点からきわめて有益である。このようなエンゲージメント活動が最終的に機関投資家やその背後のアセットオーナー自体の中長期的利益にもつながる。

3 第9条(1) ESG 関連リスクの評価・対処の要求

(1) 意義

第9条(1)は、機関投資家による投資先企業に対する平時エンゲージメントの方法の1つとして、ESG 関連リスクの評価・対処の要求を行うことを推奨している。

企業が ESG 関連リスクの評価・対処をすることは、企業不祥事の発生を予防し、企業価値の毀損を防ぐ点から重要であることから、機関投資家としてもこれを投資先企業に働きかけることが有益である。

(2) 不祥事予防プリンシプルとの整合性

第9条(1)は、企業が「不祥事予防のプリンシプル」をふまえて ESG 関連リスクの評価・対処を行うことを要求している。

不祥事予防プリンシプルは、不祥事予防の原則として、①実を伴った実態把握、②使命感に裏付けられた職責の全う、③双方向の

第 2 部　逐条解説

コミュニケーション、④不正の芽の察知と機敏な対処、⑤グループ全体を貫く経営管理、⑥サプライチェーンを展望した責任感という 6 つの原則を掲げている。これらの取組に当たって、経営陣、とりわけ経営トップによるリーダーシップの発揮が重要であることも強調している。

(3)　不祥事予防プリンシプルと ESG の関係

不祥事予防プリンシプルは、ESG に関して明記しているわけではないものの、ESG に関連する記載は様々な箇所でなされている。

例えば、原則 1 は、自社のコンプライアンスの状況を制度・実態の両面にわたり正確に把握するに当たって、「明文の法令・ルールの遵守にとどまらず、取引先・顧客・従業員などステークホルダーへの誠実な対応や、広く社会規範を踏まえた業務運営の在り方にも着眼する。その際、社内慣習や業界慣行を無反省に所与のものとせず、また規範に対する社会的意識の変化にも鋭敏な感覚を持つ」べき旨規定している。以上のようなステークホルダーへの対応、社会規範の尊重、社会的意識の変化への対応は、上述した通り ESG 関連リスク評価・対応における重要な視点である。

また、原則 6 には、ESG 関連リスク対応において重要な課題となっているサプライチェーンを展望した責任感を持つことを要請している。

4　第 9 条 (2)ESG 関連リスク対処状況の開示要求

(1)　意義

第 9 条(2)は、機関投資家による投資先企業に対する平時エンゲージメントのもう 1 つの方法として、ESG 関連リスクの評価・管理に関する事項を適時に開示するように要求することを推奨している。

各国で非財務情報に関する開示規制や証券取引所ルールが導入されていることを契機に、欧米企業を中心に ESG 関連リスク対処状況に関する非財務情報を積極的に開示する実務が進んでいる。この

ような状況において、日本企業が非財務情報開示を怠った場合、投資家を含むステークホルダーにおいて、企業が重要な ESG 課題を認識していないのではないか、ひいては情報を隠蔽しているのではないかという懸念や不安が高まる危険性もある。ステークホルダーの信頼を確保し、投資先として魅力を維持する観点からも、企業には適切な情報開示を行うことが期待されている。

投資先企業による情報開示を通じて、機関投資家と投資先企業との間で、現状に関する認識を共有することは、不祥事予防、企業価値の毀損回避に向けた建設的な対話のために不可欠な前提としても位置付けられるものである。

(2) 開示内容・方法

第 9 条(2)は、投資家による企業に対する情報開示の要求においては、第 1 章規定の非財務情報開示の内容・方法に従った開示を要求することを推奨している。

開示事項としては、①投資先企業のビジネスモデル、②投資先企業の非財務分野に関する方針及び採用しているリスク評価の手続・基準、③方針及びリスク評価の実施結果、④重要なリスクに対する対処状況、⑤採用している重要成果評価指標（KPI）を挙げており、ガイダンス第 1 章第 4 条の開示項目を開示することを要請している。

5　第 9 条(3)有事エンゲージメントに準じた対応

第 9 条(3)は、機関投資家による投資先企業に対する平時エンゲージメントに関して、第 4 条規定の有事エンゲージメントに準じた方法でエンゲージメント（対話）を行うことが望ましいと規定している。第 4 条規定の有事エンゲージメントには、単なる対話のみならず、議決権の行使も含まれる。

有事、すなわち「不祥事」が発生している否かその明確な線引きが難しい状況において、たとえ平時であっても、ESG 関連リスクが顕在化し企業不祥事が発生するのをあらかじめ防止する観点から、

第2部　逐条解説

議決権行使を含めた様々なエンゲージメントの選択肢を検討することが有益である。

　もっとも、平時は、ESG関連リスクが顕在化していない局面であるから、そのことをふまえたより柔軟な対応が許容されること規定している。

第10条　投資対象からの排除

第10条　投資対象からの排除

(1)　保有株式の売却

　　機関投資家は、第9条規定の平時エンゲージメントを実施したにもかかわらず投資先企業に改善がみられずESGリスクが顕在化する危険性がなお高い場合、必要に応じて、株式の売却を検討することが望ましい。

(2)　将来の投資対象からの排除

　　機関投資家は、新たに又は追加の投資を行うに当たっては、ESG関連リスクの高い企業に対しては、ESG関連リスクが顕在化し企業不祥事が発生するリスクに関して、より慎重な調査を実施すべきである。調査の結果、以下の事項が認められる場合、必要に応じて、投資対象から排除することを検討することが望ましい。

①　企業不祥事が発生する危険性が著しく高い場合

②　新たに又は追加の投資を行うことで人権侵害を助長する危険性が著しく高い場合

1　意義

　第10条は、平時エンゲージメントの選択肢の1つとして、有事における第5条と同様、投資対象からの排除を規定している。たとえ「不祥事」が発生しているとまではいえない場合でも、ESG関連リスクが顕在化する危険性が高い場合、投資対象からの排除を検討することが必要な場合があることに基づく。

122

第 2 章　機関投資家の ESG 投資におけるエンゲージメント（対話）

第 10 条も、第 5 条と同様、第 1 項で保有株式の売却、第 2 項で将来の投資対象からの排除という 2 つの局面に関して説明している。

2　実例

前述の通り、気候変動分野に関しては、TCFD 提言書の発表をふまえ、温暖化ガス排出に関するリスクが顕在化する過程で、多くの投資家が、特に石炭産業・石炭火力発電などを投資対象から除外する動きが広がっている。

石炭産業・石炭火力発電に関しては、その事業を営むことのみをもって「不祥事」とまでいえるか様々な考え方がある。しかし、これらの事業が気候変動問題に悪影響を与え、低炭素経済に移行していく中でビジネスそれ自体も持続可能性に欠けるという点で、ESG 関連リスクが顕在化する危険性が高いと評価する機関投資家が増加していることが、ダイベストメントが拡大する背景にあると思われる。

（高橋大祐）

第2部　逐条解説

第3章 ｜ 金融機関の ESG 融資に おける審査

はじめに[1]

1　ESG 融資とは

　日弁連ガイダンス第3章においては、金融機関の「ESG 融資」について検討しており、まずは「ESG 融資」について検討する。

　「ESG 融資」という用語自体、法令等に定められた用語ではなく、また人口に膾炙した用語ではないが、日弁連ガイダンス5頁においては「ESG に配慮した責任ある融資」と定義付けている。

　なお、平成 30 年 7 月 27 日に銀行、生保、証券など金融業界トップや有識者で構成し、金融庁や経済産業省、日銀がオブザーバーに名を連ねる環境省の「ESG 金融懇談会」から公表された「ESG 金融懇談会提言〜 ESG 金融大国を目指して〜」においては、ESG 融資について、「環境、社会、コーポレートガバナンスに考慮して行う融資」「例えば、融資時の目線として、ESG 要素に考慮した事業性評価融資や、再生可能エネルギー事業、省エネルギー事業、リサイクル事業等の環境・社会へのインパクトをもたらす事業（「環境・社会事業」）へ行う融資」としているが、日弁連ガイダンスとほぼ同意義ということができる。

---

1)　本章全体につき鈴木仁史「ESG 融資の現状と課題──日弁連 ESG ガイダンスを踏まえて」金融法務事情 2103 号（2018 年）16 頁参照。

124

2　ESG 融資及びその必要性

⑴　ESG 融資の例

ESG 融資は、石炭火力発電事業に対する融資の停止等（ダイベストメント）といったネガティブな観点からのものと、環境配慮型融資についての金利優遇制度、再生可能エネルギープロジェクトへの積極的な融資（数値目標設定等を含む）といったポジティブな観点からのものの双方がある。

ESG 融資は比較的「E（環境）」の分野で議論や実務が先行しているが、その他も、核兵器・大量破壊兵器・クラスター兵器等の製造企業への融資制限、児童労働・強制労働に従事する事業への融資制限などがあるほか、近年は女性活躍や働き方改革など、企業のESG や SDGs に関する幅広い課題に対応した融資商品が開発されている。

⑵　ESG 融資の必要性（金融機関の責任ある融資）

ESG 投融資については、これまでコーポレートガバナンス・コードやスチュワードシップ・コードをふまえ、受託者責任の観点から議論が展開されてきたが、ESG 融資固有の議論については、赤道原則（Equator Principles）、環境格付融資、反社会的勢力に対する融資を除き、十分な議論がなされてきたとはいいがたい。

この点、わが国においては、間接金融は企業等の資金調達に当たって大きなウェイトを有している。間接金融においては、議決権を通じた影響力行使はできないが、融資を通じて企業の活動資金を与えるものであり[2]、サステナビリティ（持続可能性）の観点から

---

2)　金融機関の融資は、貸出枠を設け、一定期間中において当該枠内の融資を受ける形式が多いところ、当該期間中、企業は財務制限条項等一定の義務を課されることがあり（コベナンツ）、当該義務に違反した場合、期限の利益を喪失させて融資を引き揚げうるところであるため、金融機関が融資先企業の活動に影響力を行使しうる。

第 2 部　逐条解説

融資先の ESG 課題に直接・間接に大きな影響を及ぼし得る。

例えば、金融機関が石炭火力発電への融資から撤退し、同プロジェクトの経済合理性がなくなることで、エネルギー企業が事業方針を転換せざるをえなくなる。他方で、低炭素社会へのシフトには多額の資金が必要となり、金融機関による再生可能エネルギープロジェクト等への融資が重要な役割を果たしており、金融機関には責任ある融資（ファイナンス）をし、融資先とのエンゲージメント（対話）等を通じて、ESG 課題へ適切な影響力を行使することが求められる[3]。

現在、二酸化炭素（CO2）排出を削減する世界的な動きが進展しており、火力発電に使う石炭についての社会運動も高まっており、資源関連融資のうち石炭火力融資についてダイベストメント等融資削減の動きが進展している。石炭や石油などの天然資源は「座礁資産」とも呼ばれ、英中銀総裁のマーク・カーニーが警鐘を鳴らした「低炭素経済への移行が引き起こす資産価値の再評価」の通り、石炭火力融資など資源関連融資は不良債権となるリスクもあり、金融機関の財務の健全性や信用リスクとも関係しうる。

3　地域密着型金融及び事業性評価融資

(1)　地域密着型金融（ESG 地域金融）

ESG 融資は、メガバンク等においては、赤道原則や、主に石炭火力発電への融資の引揚げ（ダイベストメント）の文脈で議論されることが多いが、地域金融機関においては、地域社会の人口減の中、地域企業の再生をめざすリレーションシップ・バンキングの観点か

---

3)　「国連グローバル・コンパクト 10 原則」の原則 2 では、「人権侵害に加担しないよう確保すべき」ことがうたわれ、「組織的または継続的な人権侵害に対し、企業が何も言わないか、何も行わない」場合についても人権侵害への「加担の黙認」であるとして紹介されている。金融機関の ESG に反する融資についてはレピュテーショナル・リスクがある。

第3章　金融機関の ESG 融資における審査

らも重要な課題といえる。

　地域の中小企業であっても、例えば気候変動問題に関する大企業のサプライチェーンの管理強化により、取引見直しの対象となる可能性があり、ESG 課題への対応が求められているが、ESG 課題に対応するリソース（人材・資本・情報）を十分に有していない場合もある。

　このような状況の中、地域ネットワークの要であり、人材・ノウハウを有する地域金融機関が、単に資金供給者としての役割にとどまらず、地域の中小企業等融資先に対する ESG 課題を含めた経営支援・コンサルティングに積極的に貢献することにより[4]、融資先のリスク低減及び安定した顧客基盤・オポチュニティー（収益機会）の創出へとつながる[5]。また、このような取組により、地域循環共生圏を支えるサプライチェーンが強化され、地域企業の競争力及び地域社会の持続可能性の向上にも資するところであり（地域金融機関による顧客との「共通価値の創造」）、地域金融機関の新たな融資先を発掘することにつながり、新たなビジネスモデルにもなりうる[6]。

---

4)　ESG 金融懇談会提言 8 頁においては、「ESG 地域金融」として、地域の特性に応じた ESG 要素に考慮した金融機関としての適切な知見の提供やファイナンス等の必要な支援が期待されるとしている。

5)　りそな銀行と埼玉りそな銀行は、中小企業の経営課題を洗い出す無料コンサル付き融資を開始すると報道されている。すなわち、大企業では「CSR 調達」の観点から、調達先に環境や労務状況への配慮などを求める動きが広がっていることから、人権や労働、環境への配慮やガイドラインの策定状況など約 100 項目のアンケートを実施し、中小企業の課題と事業機会の助言（簡易コンサル）を行うとのことである（平成 30 年 9 月 21 日付け日本経済新聞朝刊）。

6)　「金融行政と SDGs」（https://www.fsa.go.jp/policy/sdgs/FSAStrategyfor SDGs.pdf）9 頁。

127

第2部　逐条解説

(2)　事業性評価融資

a　事業性評価融資及び非財務要素の評価

　金融機関には、企業の経営改善や事業再生を促進する観点から、保証や担保等に必要以上に依存することなく、企業の財務面だけでなく、企業の持続可能性を含む事業性を重視した融資（事業性評価融資）の取組を検証することが求められている（平成26年9月金融モニタリング基本方針、平成26年10月24日金融庁「地域金融機関による事業性評価について」参照）。

　決算書等の財務情報は融資先の過去の評価にすぎないのに対し、ESGへの対応のほか、経営者の資質、事業内容・ビジネスモデル、顧客基盤、事業の将来性、事業環境の変化といった非財務情報は事業の持続可能性や将来の中長期的な成長性に関するものである。また、ESG課題の存する企業については、中長期的には投融資の制限がなされることも想定され、信用リスクや金融機関の「財務の健全性」にも影響し得るところである[7]。

　よって、金融機関は、融資先の財務情報等定量面のみならず、非財務情報等定性面にも着目し[8]、融資先の実態把握・事業性評価を行い、与信判断や債権管理に活用することが求められる。

b　ESGに関する事業性評価と法的責任

　後記の通り、ESGに関する事業性及び成長性の適切なリスク評価は必ずしも容易ではない。金融機関が融資先のESGを含めた非財務情報にも着目し、担保や保証に依存せずに融資を行った結果、貸し倒れとなった場合、金融機関の取締役が善管注意義務違反を負わないかが問題となる。

---

7)　今後、企業活動におけるESG課題等非財務要素への対応が財務・信用リスクとどのような関係にあるかについて一層の実証的研究が必要と解される。

8)　ESG金融懇談会提言9頁においては、事業性評価で環境要素を組み込むことを促進するとしている。

128

第3章　金融機関のESG融資における審査

　この点については、金融機関が、与信判断における審査において、融資先の財務情報のみならず、事業内容、経営者の資質等を含めた非財務情報について合理席な審査基準を設け、適切に評価するプロセスを経た結果[9]、いわゆるサウンドバンキング（健全な銀行業務）の原則を遵守した上で、融資先の成長可能性があると合理的に判断して融資をしたのであれば、必ずしも不合理な融資判断とはいえず、善管注意義務違反を負うものではないと解される[10]。

第1節　金融機関の融資方針

第1条　融資における基準とリスク評価

> **第1条　融資における基準とリスク評価**
>
> （1）ESG融資方針・基準の策定及び公表
>
> 　金融機関は、ESG融資についての方針・基準を策定・追加し、公表すべきである。具体的には、ESG課題に対するポジティブな影響を促進する基準とネガティブな影響を防止する基準の双方を策定し、公表すべきである。
>
> （2）融資先企業のESG関連リスク評価
>
> 　金融機関は、融資先企業の融資基準への該当性判断に当たり、融資先企業のESG課題に対するポジティブ及びネガティブな影響

---

9)　平成28事務年度金融行政方針20頁においては、事業性評価に基づく融資の前提として、与信判断における審査基準・プロセスや、貸付条件変更先等の抜本的事業再生等を必要とする先に対する、コンサルティングや事業再生支援等による顧客の価値向上に向けた取組などがポイントとして挙げられている。

10)　これに関連し、最判平成20年1月28日金法1838号55頁は、「一般に、銀行が、特定の企業の財務内容、事業内容及び経営者の資質等の情報を十分把握した上で、成長の可能性があると合理的に判断される企業に対し、不動産等の確実な物的担保がなくとも積極的に融資を行ってその経営を金融面から支援することは、必ずしも一律に不合理な判断として否定されるべきものではない」と判断している。

第2部　逐条解説

> を評価すべきである。当該リスク評価は、リスクベース・アプローチに基づき行い、また PDCA サイクルに基づき適宜見直し、上記(1)の ESG 融資方針・基準に反映させるべきである。

1　リスク管理態勢

(1)　リスク管理の観点

　ESG 自体がリスクとオポチュニティーの双方の観点を有し、いずれにしても企業価値の向上につながりうるものであるが[11]、ESG については、単に法令のみを遵守すれば足りるものではなく（ESG 全般を横串として貫くような包括的立法が存在するものではないし、そもそも単なる法令による規制に適するものではない）、国際情勢、経済、社会規範、規制の変化に応じて対応を高度化する必要があり、ESG 融資についてはリスク管理の観点も踏まえて対応すべきである。

(2)　リスクベース・アプローチ

　ESG 融資について、リスク管理態勢に位置付ける必要があることから、リスクベース・アプローチに基づく対応が必要である。

　「ESG」といってもその内容・課題は幅広く、また人権侵害等のリスクも多種多様である。例えば、石炭火力発電についてのプロジェクト・ファイナンスについては、一般に融資金額も高額となり、二酸化炭素排出や気候変動への影響が大きい。すなわち、融資の内容（ESG への影響の有無及び内容）、金額の多寡、紐付（資金使途特定）の有無、融資先の業種、国・地域などによりリスクは異なり、非財務的要素の評価も一律ではないから、金融機関が限られたリソースを効率的・効果的に活用するためにも、リスクベース・アプ

---

11)　例えば、環境についての規制強化や社会的な意識の高まりを受け、企業にとって新たな収益機会（オポチュニティー）となる可能性がある。最近では、海洋汚染問題を受け、飲食チェーンなどでプラスチック製のストローの廃止の方針を決定する企業が増加しているが、これにより、紙製による代替ストロー開発といったオポチュニティーを生みだしうるものである。

第3章　金融機関のESG融資における審査

ローチを踏まえ、チェック項目を設けるなどし、既存の与信業務手続（審査フロー）の中に位置付けることが想定される。

金融機関は、ESG条項の運用に当たっても、ESG関連リスクの高さに応じて、リスクベースで条項を執行すべきである。

(3) リスクの特定・評価・リスク低減措置

リスク管理の一般的手法と同様、ESG関連リスクを特定・評価し、リスク低減措置を講ずることが求められる。

a リスクの特定・評価

リスク管理の出発点として、まずはリスクを特定し、その上で、顧客ごとに特定したリスクについて、評価が必要である。

ESG関連リスクは、例えば反社融資のように同質性の高い課題とは限らず、幅広いし、またESG評価項目に関する課題や重要性（マテリアリティ）は業種等によっても異なるところであり、例えば衣料分野では児童労働、搾取等を含めたサプライチェーンが問題となることが多い一方で、医療・ヘルスケア等では情報セキュリティ対応などが問題となることが多い。

ESG関連リスクの評価については、特に環境格付融資等については、非財務情報を取り込み、企業価値を評価する融資手法やスコアリングの手法が進展してきているが、基本的には財務指標のような標準化・定量化が困難であり、非財務・無形資産（サステナビリティ含む）を含め、事業内容や成長性の評価という定性的判断が必要となる側面もなる。

このような観点からは、金融機関の担当者に「目利き力」が求められるところであるが、金融機関が評価業務等についてすべて内製化することは、リソース等の観点から困難が予想される。現在も取組がなされているが、評価等の客観性・信頼性・専門性等の観点から、調査費用やその負担等の問題があるものの、シンクタンク、監査法人、コンサルティング会社など外部の専門家・第三者評価機関と連携することも想定される。

第 2 部　逐条解説

b　リスク低減措置

特定・評価したリスクをもとに、リスク低減措置を講じることが必要となる。

ESG 課題という事柄の性質上、謝絶や期限の利益喪失といった措置は例外的となり、対話（エンゲージメント）、報告徴求、是正措置といった対応が求められ、そのためにこそ、ESG 条項を有効に活用すべきである。

もっとも、クラスター爆弾の製造企業、反社会的勢力、石炭火力発電事業への融資といった、資金使途に鑑みて ESG へのリスクや影響の程度、レピュテーショナル・リスクの高いものについては、謝絶や期限の利益喪失といった取引解消の検討も必要である[12]。

(4)　ESG に関する情報収集

金融機関がリスクベース・アプローチに基づき、ESG 融資についてのリスク管理を行うに当たっては、融資先の ESG の取組についての情報収集が必要となる。

そのためには、まずは金融機関において、融資先との取引を通じて、あるいは融資先の開示内容から得られる非財務情報（ESG に関する情報）を把握することが原則となる。具体的には、融資先へのアンケート、経営者・担当者のインタビュー・意見交換、実地調査などが想定される。融資先の ESG 課題については、金融機関にとっては把握や評価が困難なことも想定されるため、金融機関は、適宜、後記 ESG モデル条項 4 項も活用し、対話を求めるとともに、報告や資料提出を受けたり、情報収集をしたりすることが想定される[13]。

---

12)　リスク低減措置につき、当面、先進国では石炭火力発電への融資を停止し、発展途上国では発電効率の高い事業に融資を絞るなど、国・地域ごとの判断をせざるをえない場合もある。また、三井住友銀行は CO_2 排出量が少ない「超々臨界」以上のプロジェクトに新規融資を限定しているとのことである（2018 年 6 月 29 日本経済新聞朝刊）。

132

第3章　金融機関のESG融資における審査

　また、与信管理のデータベース等のほか、企業の公開情報から
ESGの観点で格付けをしたり、ESGについてのデータ項目を投資
情報データベースに組み込み、検索できるシステムを構築している
ところがある。

　上記のような「自助」による取組のほか、「共助」や「公助」に
よる取組も想定されるところ、金融業界で情報共有する仕組みの構
築なども検討課題である。

(5)　PDCAサイクルに基づく見直し

　ESGについては、国際情勢、経済、社会規範、規制の変化によ
り、レベルが変化しうるため、融資先のESGに対するプラス・マ
イナスの影響に関心を持ち、これを客観的に評価した上で、ESG
方針・基準及び後記のESG条項について、PDCAサイクルに基づ
き適宜見直すことが想定される。

第2節　融資の各場面での対応

第2条　入口対策

第2条　入口対策

(1)　ESG融資基準への適合性の審査

　　金融機関は、ESG課題に積極的に取り組む企業や資金使途に関
し、融資についての金利優遇策を採ることに加え、ESGに関連す
るリスクが高い企業に対しては、融資自体を禁止又は制限するこ
とを検討すべきである。このようなポジティブ・ネガティブ双方
の考慮要素について、前条(1)のとおり、融資方針・融資基準とし

---

13)　三井住友信託銀行は、持続的な企業収益の維持・改善を見極めるために、
企業の提供する商品やサービスの付加価値の高さ、その持続性、及び付加価
値の提供を支えるガバナンス体制の強固さなどに関する情報（ESG情報（非
財務情報））を収集し、これを体系化し具体的に運用に活用するための独自
の仕組みとして「MBIS（非財務情報評価)」を導入していると公表されてい
る（https://www.smtb.jp/csr/esgi/evaluation.html）。

第2部　逐条解説

て事前に策定し、入口段階において当該方針・基準への該当性を判断すべきである。この判断過程において、各種情報を収集し、融資先企業自体やビジネス、資金使途を評価し、そのリスクの濃淡等に応じて融資取引の可否や内容（契約条項を含む）を決定することが望ましい。

　また、ESG 関連リスクを踏まえ、融資先に表明確約をさせることが有用である。その表明確約事項については、リスク内容等に応じて、融資先ごとに具体的に検討する必要がある。

(2)　リスクベース・アプローチの必要性

　金融機関は、ESG に関連するリスクが高いと疑われる企業に対しては、融資取引に当たっての上級者の承認・決裁、厳格な審査を行うべきである。このような審査の結果、ESG 関連リスクの高い取引であると評価された場合には、そのリスクの高さに応じて、契約条項（コベナンツ）等で手当てをすることも検討すべきである。また、融資を行うことにより人権侵害を助長する危険性が著しく高い場合等には、融資を実行しないことも検討すべきである。

1　融資の各場面での対応

(1)　3 段階での対応、ESG 融資方針・基準の策定及び公表

　ESG 融資について、反社会的勢力への融資対応と同様[14]、「入口→中間管理→出口」での 3 段階に整理し、各段階での対応をすることが必要である。

　また、上記 3 段階での対応を行うに当たり、金融機関は、ESG 融資についての方針（ポリシー）・基準を策定・追加し、適宜公表すべきである。既にメガバンク等を中心に、公表しているところがみられるが、具体的には、ESG 課題に対するポジティブな影響を促進する基準とネガティブな影響を防止する基準の双方を策定し、公表すべきである。

---

14)　金融庁「主要行等向けの総合的な監督指針」Ⅲ-3-1-4 参照。

第3章　金融機関のESG融資における審査

　なお、既に人権配慮に関する融資方針、環境格付融資の取組に関する宣言や顧客受入方針の中でESG融資の方針について盛り込んでいる場合、改めて「ESG融資方針」を別個に策定することが求められるものではない。

(2) 入口対策

a　ESG融資基準への適合性の審査

　金融機関は、前記の融資方針・基準を踏まえ、入口段階において、当該方針・基準への該当性を判断する必要がある。具体的には、前記(1)のポジティブ・ネガティブな基準を踏まえ、ESG課題に積極的に取り組む企業や資金使途に関し、融資についての金利優遇策を採ることに加え、ESGに関連するリスクが高い事業や企業に対しては、融資自体を禁止または制限することが想定される。

b　リスクベース・アプローチに基づく対応

　金融機関は、リスクベース・アプローチに基づき、ESGに関する各種情報を収集し、融資先企業自体やビジネス、資金使途を評価し、そのリスクの濃淡等に応じて融資取引の可否や内容（契約条項を含む）を決定することが望ましい。

　ESG関連リスクが高いと疑われる企業に対しては、融資取引に当たっての上級者の承認・決裁、厳格な審査を行い、ESG関連リスクや影響の程度、レピュテーショナル・リスクの高いものについては、融資実行を謝絶することが想定される。

　もっとも、ESG融資に関しては、ネガティブな基準に関するものであっても、謝絶は合理性のある基準によるべきであり、またESG関連リスクの濃淡も様々であるから、ESG関連リスクを口実として恣意的に取引を謝絶することのないよう留意が必要である。

　審査の結果、ESG関連リスクが存する場合であって融資する場合には、リスクの高低に応じて、契約条項（コベナンツ）で手当てしたり、融資先に表明確約をさせたりすることが有用である。ESG条項のうち、期限の利益喪失条項は、影響力の大きいものであるた

第2部　逐条解説

め、発動のトリガーとなる表明確約の内容や、そもそもトリガーと
なる義務違反の構成（例えば、報告義務違反を期限の利益喪失条項の
要件として位置付けるか）については、当該取引のリスクに応じた
ものとすべきである。

第3条　中間管理

> **第3条　中間管理**
> (1)　継続・定期的なモニタリングの実施
>
> 　　　金融機関は，融資後も継続・定期的に融資先企業やその事業内
> 　容のESG関連リスクについてのモニタリング（改善状況の報告徴
> 　求などを含む）を行い、必要に応じて出口対策等につなげるなど、
> 　中間管理を実施すべきである。
> (2)　ガバナンス体制及び非財務情報の確認
>
> 　　　金融機関がESG関連リスクに関するモニタリングを行うに当
> 　たっては、融資先企業のガバナンス体制や非財務情報を含めて確
> 　認すべきである。そのためには、担保だけではなく、融資先企業
> 　の業務内容も充分に確認する必要がある。
> (3)　エンゲージメント（対話）の実施
>
> 　　　金融機関は、融資先企業に対するモニタリングの結果、融資先
> 　企業のガバナンス体制やESG課題への取組に問題があると判断し
> 　た場合には、その是正に向けて融資先企業との対話を実施すべき
> 　である。

1　中間管理

　入口段階で審査をしても、その後の融資先の業務内容や経営状態
等の変化や、国際情勢、経済、社会規範、規制等の変化により、
ESG関連リスクが変更しうるため、中間管理が必要となる。

(1)　継続・定期的なモニタリングの実施

金融機関は、融資後も継続・定期的に融資先及びその事業内容の

136

ESG 関連リスクについてのモニタリング（改善状況の報告徴求など
を含む）を行い、必要に応じて出口対策等につなげるなど、中間管
理を実施すべきである。

(2) ガバナンス体制及び非財務情報の確認

ESG 融資については、前記の通り、担保や保証に依存すること
なく、非財務情報の収集・評価が重要となる。よって、金融機関が
ESG 関連リスクに関するモニタリングを行うに当たっては、融資
先企業のガバナンス体制や非財務情報を含めて確認すべきである。

(3) 融資先とのエンゲージメント（対話）の実施

ESG 融資の場面では、投資（エクイティ）の場合のように、議決
権を有するものではないが、ESG 融資の目的が金融機関と融資先
企業との共同の取組による ESG 課題への適切な対応であることか
らすれば、レンダーとして融資先の ESG やサステナビリティに関
する課題について適切な関与をする必要がある。

よって、特に、融資先に対するモニタリングの結果、融資先企業
のガバナンス体制や ESG 課題への取組に問題があると判断した場
合には、その是正に向けて融資先企業との双方向のコミュニケー
ションとエンゲージメント（対話）を実施すべきである（この点は 3
段階のすべてを貫く視点である）。

金融機関と融資先との対話を通じて有益な情報収集につながるこ
とも多いし、融資先の自律的な解決も期待される。

第 4 条　出口対策

第 4 条　出口対策
(1) 期限の利益喪失条項の挿入
　　金融機関は、ESG 関連リスクについての表明確約に反するなど
　　した場合に、融資取引の期限の利益を喪失させる条項を、銀行取
　　引約定書や金銭消費貸借契約書に盛り込むべきである。

第2部　逐条解説

(2)　期限の利益の喪失の要否の検討

　　金融機関は、(1)の規定に基づき ESG に関する表明確約を期限の
　利益喪失条項の一事由として盛り込むなどした場合であっても、
　一律に当該条項を実行して期限の利益を喪失させることが求めら
　れるものではなく、ESG 課題に対する影響の大きさ、訴訟リスク、
　規制リスク、レピュテーションリスク（風評リスク）など各種リ
　スクを踏まえて、当該条項を実行すべきか否か判断すべきである。
　また、金融機関が融資取引を解消し、融資を引き揚げると、融資
　先企業が資金調達に苦慮し、より人権侵害等を助長するリスクが
　あることなどの影響度合いにも配慮すべきである。

(3)　他の方策の要否の検討

　　金融機関は、(2)の検討の結果、融資先企業に対する期限の利益
　の喪失が直ちに必要ではないと認められる場合、必要に応じて、
　条件変更、新規融資の制限、今後の金利等貸付条件への反映など
　の方策をとるべきか否かを検討すべきである。

　金融機関は、ESG 関連リスクについての表明確約に反するなど
した場合に、融資取引の期限の利益を喪失させる条項を、銀行取引
約定書や金銭消費貸借契約書に盛り込むべきである。

　金融機関は、ESG に関する表明確約を期限の利益喪失条項の一
事由として盛り込んだ場合であっても、一律に当該条項を実行して
期限の利益を喪失（失期）させることが求められるものではなく、
まずは対話や是正措置を求めることが必要である。

　検討の結果、融資先に対する失期が直ちに必要ではないと認めら
れる場合（条項の運用上の留意点は後記の通り）、必要に応じて、代
替手段として、条件変更、新規融資の制限[15]、今後の金利等貸付
条件への反映などの方策をとることも検討すべきである。

---

15)　石炭火力発電事業の融資に関しても、既存の融資の引揚げ（失期）まで
　は行わず、新規の事業融資停止（入口での未然防止）を原則としている金融
　機関もある。

第3章　金融機関のESG融資における審査

第5条　融資先企業との対話及び支援

第5条　融資先企業との対話及び支援

(1)　融資先企業との対話の重要性

　　金融機関は、ESG融資の目的が金融機関と融資先企業との共同の取組としてESG課題に対応していくことにあることを踏まえ、第2条ないし第4条の融資の各場面を通じて、融資先企業との間で、ESG課題への取組に関する双方向のコミュニケーションとエンゲージメント（対話）を重視すべきである。

(2)　中小企業の支援

　　金融機関は、中小企業に対し融資を行う場合、特に中小企業はESG課題に対応するリソース（人材・資本・情報）を十分に有していない場合もあることを踏まえ、融資先中小企業によるESG課題への対応を、可能な範囲で支援することが望ましい。

　　なお、金融機関は、そのような支援や対話を通じて、融資先である中小企業の企業価値を高めることにより、地方創生に寄与することが求められている点を認識すべきであろう。

第3節　契約条項（コベナンツ）

第6条　ESG条項の導入

1　ESG条項の必要性と機能

　前述のように、金融機関が融資の場面において、ESGに関連するポジティブ／ネガティブな方針・基準を策定し、公表する方法として、これらを契約条項として融資契約に組み込むことが挙げられる。このような条項は、特に中間管理及び出口対策として不可欠である。すなわち、このような「ESG条項」は、融資先企業との対話（エンゲージメント）を促し、さらには契約を解消する根拠となるものである。

139

第2部　逐条解説

ESG 条項の必要性は、いわゆる暴排条項や CSR 条項に類似する点がある。暴排条項は、取引からの暴力団排除を目的として普及し、この 10 数年の間に契約実務において定着してきたものである。取引の入口段階において、その属性（暴力団員等の反社会的勢力に該当しないこと）を表明させ、それに違反した場合に契約を解除する暴排条項の建付け[16]は、ESG 条項としても活用することができる。また、CSR 条項は、いわゆるビジネスと人権の議論において、サプライヤー取引において人権保障や CSR といった取組を促進することを目的として提言されているものである[17]。

これら暴排条項や CSR 条項とも照らし合わせてみると、ESG 条項は、ESG という観点から当該融資契約を統括するものと位置付けられるが、その機能・役割は、大きく以下の 3 点に分類することができる。

1 つ目として、ESG 促進機能がある。ESG 条項を融資契約に定

---

16)　このような建付け自体は、暴排条項に限られるものではなく、表明保証条項等として契約実務一般に用いられるものである。ここでは、社会的要請の変化に応じて、広く定着するに至ったシンボリックな一例として暴排条項を取り上げることとする。暴排条項の機能については第一東京弁護士会民事介入暴力対策委員会編『金融実務と反社会的勢力対応 100 講』（金融財政事情研究会、2010 年）27 頁、徳山佳祐「反社会的勢力の現状と排除に向けた金融機関の取組み」ファイナンシャルコンプライアンス 41 巻 2 号（2011 年）21 頁、鈴木仁史「金融機関の暴排条項の発展型および適用上の留意点（上）」金融法務事情 1924 号（2011 年）16 頁等を参照。

17)　日本弁護士連合会「人権デュー・ディリジェンスのためのガイダンス（手引）」（2015 年）57 頁。特に CSR 条項に関する研究として、佐藤泉＝高橋大祐「サプライチェーンにおける CSR 法務戦略（中）──CSR 調達実務の最前線とＣＳＲ条項の有用性」NBL1002 号（2013 年）49 頁、同「サプライチェーンにおける CSR 法務戦略（下）──望ましい CSR 条項の内容と活用のあり方」NBL1003 号（2013 年）32 頁、高橋大祐「サプライチェーン・インベストメントチェーンにおけるＣＳＲ条項の活用：『ビジネスと人権』におけるルール形成に向けて」自由と正義 66 巻 12 号（2015 年）54 頁、淵邊善彦ほか「ESG リスク回避のための実践的 CSR 条項」Business Law Journal10 巻 3 号（2017 年）66 頁等。

めることにより、企業が金融機関からの融資を受けるに当たって、ESG に取り組むことを促す効果が期待できる。同時に、ESG に反する事業を運営している企業への融資を未然に防ぐことにより、社会全体の ESG への取組を促進することもできる。加えて、ESG 条項のモデル条項では、表明保証等への違反が判明した場合であっても、直ちに期限の利益を喪失させず、融資先の自浄機能を発揮させることとし、対話・意見交換を通じた是正を求めることとしている。これは、暴力団等のように、取引から一方的に排除するというスタンスではなく、双方向のコミュニケーションとエンゲージメント（対話）の促進を目的とするものであり、ESG 条項にとって優先度の高い機能といえるであろう。

　2 つ目は宣言的機能（コンプライアンス機能）である。金融機関が融資契約に ESG 条項を定めるということは、融資先企業に ESG 対応を要請するものであると同時に、金融機関自身としても ESG に取り組む姿勢を広く社会に宣言することになる。これによって、金融機関も ESG への取組をコミット（約束）することになり、投資家を含む社会的な注目を得ることにつながる。また、金融機関内部（すなわち労働者）との関係において、ESG へのスタンスを示し、一体感の醸成に繋げることも期待できる。

　3 点目の裁判規範機能は、ESG への対応を求める、あるいは契約を解除するなどに起因して、当該取引において紛争が生じ、訴訟に至った場合等に発現する。融資契約における期限の利益喪失等といった対応の正当性を法的に根拠付けることができるというものである。ESG への取組を促進するという観点からは、エンゲージメント（対話）によって是正を図ることが望ましい解決方法ではあるが、他方、適切でない融資先からは迅速に融資を引き揚げるべき場面も当然に想定される。そのような場合、その要件事実につき、債権者である金融機関が立証責任を負うことになるのであり、期限の利益喪失事由や解除事由を具体的に明記しておくことが求められる。

第 2 部　逐条解説

2　契約条項のリスクベース・アプローチ

　融資の審査場面において、融資先及びその事業が抱えるリスク検証を行い、その有無や程度に則した措置を講じる必要性は先に述べたが、ESG 条項の内容もその措置の 1 つであり、個々の融資先のリスクの内容や程度に応じたものとしていく必要がある[18]。このようなリスク検証及び契約交渉の過程において、広く多角的な視点で対話を行うことで、相互理解を深め、また、融資先の ESG に対する意識を醸成させることが ESG 融資の出発点となる。

　リスク検証の視点として 1 つの定まったものがあるわけではないが、同じくリスクベース・アプローチの手法が採られているマネー・ローンダリング対策において用いられる視点（「商品・サービス」「取引形態」「国・地域」及び「顧客属性」[19]）も参考にされるべきであろう。契約条項のリスクベース・アプローチとしては、このような視点から洗い出された特定の課題や論点について、そのリスクの規模や大きさ、発生頻度等を分析し、それに応じた対応を特に表明確約条項として盛り込むことになる。このような過程を経て策定される表明確約条項は、まさに対話（エンゲージメント）の結果として、情報共有を企図した ESG 条項のリスクベース・アプローチの発現であると捉えられる。

3　ESG 条項の導入

　日弁連ガイダンスで示されている本モデル条項はあくまでも最大公約数的なものを定めたものであり、既存の条項をもとに、各金融機関の判断で策定することが想定され、例えばプロジェクトファイ

---

18)　この点にも、取引相手にかかわらず、暴力団等といった属性により、直ちに関係遮断・契約解消を求める暴排条項との違いが見られる。

19)　国家公安委員会「犯罪収益移転危険度調査書」（平成 29 年 11 月）3 頁。

142

ナンスについては、資金使途（対象プロジェクトの特定）、融資期間、適切な事業計画に基づく弁済計画などの条項と関連付けることが想定される。

なお、後に述べる ESG 条項の契約書や約款等への導入については、一律かつ同時期に行うことは負担が大きいため、上記 2 のリスクベース・アプローチの考え方に基づき、リスクの大きいものから順次行ったり、個々の取引の内容やリスクに応じて条項の内容を工夫することが想定される。

4　ESG モデル条項の解説

日弁連ガイダンスにおける ESG モデル条項の構成は下記の通りである。ESG モデル条項の策定に当たっては、反社会的勢力との融資取引の解消に関する議論も参考としているが[20]、是正措置の要求条項や濫用防止条項など、ESG 条項特有のものを大幅に取り入れている。

(1)　表明確約条項（第 1 項）

【ESG モデル条項】
（ESG 条項）
　第●条　甲は、ESG（環境・社会・ガバナンス）課題に対応するために以下の事項を表明確約する。（表明確約条項）
(1)　個別・特有の表明確約内容
　　（ESG 融資基準に関する融資先企業の適合性審査の結果、特に ESG に関連してリスクが高い分野に関して具体的に表明確約内容を規定）
(2)　一般的・包括的な表明確約内容
　　甲は、乙が提示する ESG 融資基準を現在及び将来にわたって遵守し、次の各号に該当する行為をいずれも行っていないことを表

---

20)　鈴木仁史「反社会的勢力との融資取引の解消(1)〜(5)——期限の利益喪失についての判断」金融法務事情 1988 号 84 頁、1990 号 98 頁、1992 号 32 頁、1994 号 50 頁、1996 号 94 頁（いずれも 2014 年）。

第2部　逐条解説

明し、かつ将来にわたっても行わないことを確約する。

① その事業において適用される全ての法令（各国の腐敗防止
及び贈収賄防止等に関する法令並びに環境、労働、安全及び
衛生に関する法令を含む。）に抵触する行為

② 自社の従業員及びステークホルダーの人権を侵害し、又は
不当に差別的に取り扱う行為

③ 児童労働、強制労働、従業員の健康を害する時間・形態・
環境による過酷な労働、外国人労働者の不法就労等の違法な
いし不当な採用及び解雇

④ 戦争、テロリスト活動等の助長、促進

⑤ 地球環境に負荷を与え、又は著しく環境を害する活動

⑥ 前各号に準じてESG（環境・社会・ガバナンス）に著しい
悪影響を与える一切の行為

　表明確約（保証）条項は、一般に、契約当事者の一方が他方に対
し、自身の能力や状態、契約目的物の内容等について、一定の事実
がある時点において、真実かつ正確であることを表明し、時に将来
にわたって保証する契約条項の1つであるとされる[21]。そして、特
に融資契約における表明確約条項は、債務者の与信判断に使用し、
また、期限の利益喪失事由と位置付けることにより、債務不履行に
備えることも想定されており、情報の非対称性の解消措置として機
能するものである。そのため、基本的には、債務者側の財務状況等
について一方的な表明保証とされていることがほとんどであろう。

　これに対して、本ガイドラインで提示したESGモデル条項にお
ける表明確約条項は、情報の非対称性を解消するという点では他の
表明確約条項と同様であるものの、ESGの場面では、情報共有及

---

21) 淵脇大樹「表明保証条項の実務上の論点の検討」金融法務事情1935号
（2011年）103頁、井上聡「金融取引における表明保証」金融法務事情1975
号（2013年）45頁、中山龍太郎「表明保証条項のデフォルト・ルールに関
する一考察」岩原紳作＝山下友信＝神田秀樹編集代表『会社・金融・法
（下）』（商事法務、2013年）4頁等。

第 3 章　金融機関の ESG 融資における審査

びそれをベースとする対話（エンゲージメント）に重点が置かれ、協調的に ESG に配慮した取組を促進させることに主眼がある。そのため、その対象範囲は、財務状況等といった直接的な信用性判断に係るものに限られない。しかし、モデル条項で示したような項目は、中長期的に捉えれば、いずれも当該事業の継続性（サステイナビリティー）等に影響を与えるものであり、与信判断との関連性は決して弱いものではない。

　このように、表明確約条項は情報の非対称性の是正を図ることが期待されるものである一方、各契約当事者の権利義務の帰趨に有意な影響を与えるものであるため、網羅性と具体性とを兼ね備えることが求められる。ESG モデル条項の表明確約条項では、この点に関し、個々の融資先に対して個別に設定すべき「個別・特有の表明確約内容」と「一般的・包括的な表明確約内容」に分けて定めることで、具体性と網羅性とを両立させることを企図している（実務上、ESG 条項を設ける場合には、アレンジし、一体として規定することは、もちろん問題ない）。

a　個別・特有の表明確約内容[22]

　本ガイダンスでは、第 2 条(1)規定の ESG 融資方針・基準に関する融資先企業の適合性審査の結果、当該融資先企業の規模や特性等を踏まえ、特に ESG に関連してリスクが高いと疑われる分野に関して、個別・特有の表明確約内容を規定すべきものとしている。これは、表明確約の内容がより具体的であるほうが、表明確約条項違反の該当性判断が明確かつ容易となり、裁判規範としての側面を含む ESG 条項の実効性を確保することができるためである。

　他方で、ここで定めるべき個別・特有の表明確約内容は、融資先

---

22)　本モデル条項が参考にしている融資の暴力団排除条項等における表明確約条項の意義、内容、効果、実務上の手続等については、鈴木仁史「表明確約条項と反社会的勢力との関係遮断（上）（中）」金融法務事情 1930 号（2011年）16 頁、1932 号（2011 年）30 頁参照。

第2部　逐条解説

企業の規模や業界、取引内容等に応じたものであり、その設定には実務的感覚が不可欠である[23]。そのため、その設定には実務上の負荷も伴うものであることは否定できず、ここでもリスクベース・アプローチの観点から、リスクに応じた対応が検討されてしかるべきである[24]。例えば、融資先企業の信用度や融資金額等を基準に、個別性・特有性の判断の程度に差異を設けることも考えられる。この過程を通じて、融資先企業との十分な意見交換や情報交換が欠かせないこととなり、このプロセス自体によっても、ESGへの意識や取組が進展することが期待できる。

b　一般的・包括的な表明確約内容

ESG融資においては、個別・特有の表明確約内容に加えて、一般的・包括的な表明確約内容として、ESG融資基準を遵守するとともに、ESGに関連するリスクが類型的に高い行為を現在及び将来にわたって行わないことを表明確約させることも有益である。

ESG関連リスク等はビジネスを行う地域・国の法規制や経済社会情勢、文化等によっても変化しうる。そのため、そのような変化によって、個別に定めた表明確約の内容の守備範囲を超えたリスクが顕在化した場合、ESG条項が機能的にその役割を果たすことが困難となることも想定される。一般的・包括的な表明確約を定める趣旨は、このような場面においても、融資金融機関として適切な措置を講じることができる体制を整備しておくためである。

また、この一般的・包括的表明確約の内容・範囲も一度設定すれば盤石というわけではなく、その適切性については、リスクベース・アプローチやPDCAサイクルに基づき、各業界・各社の需要や実情に合わせて適宜見直すことが求められる。その意味で、本ガ

---

23)　本ガイダンスで具体的な内容を示していないのは、その内容が独り歩きし、ミスリードすることのないよう配慮したためである。

24)　佐藤＝高橋・前掲注17)（下）37頁。

第3章　金融機関の ESG 融資における審査

イダンスが示した内容も、常に実務的視点からのクリティカルな検討・見直しがなされる必要がある点に留意されたい。

(2)　取引禁止宣言条項（第2項）

> 2　甲及び乙は、前項における表明確約が本件融資実行の前提条件であることを認識・理解し、乙はこの趣旨に反する取引を実行することはできないことを確認する。（取引禁止宣言条項）

第2項では、第1項で定められた各表明確約事項が当該貸付を実行する前提条件であることを確認するとともに、融資先は、ESG に反するような取引先との取引（融資実行）が禁止される旨を宣言している。第2項の存在によって、第1項の各表明確約事項が事実でなかった場合に、融資金融機関が錯誤無効を主張することも可能となる。

なお、この条項は、融資先企業に対して ESG に反する取引を禁止する定め方になっているが、これを求める金融機関としても、当然に ESG に適合する取引を行う必要がある。その意味で、第2項は、先述した ESG 条項の機能の1つである宣言的機能（コンプライアンス機能）が表れている条項の1つともいえる。

民法改正により、書面による諾成的消費貸借が明文化されたところであるが、金銭消費貸借契約書（特にシンジケートローンなど）においては、従前より、貸付人による貸付実行の前提条件を定めることがあり、ESG に関する前提条件の不充足（表明保証違反）についても具体的に定めることが想定される。

なお、モデル条項では概括的な記載としているが、特に前記消極的基準について、ESG に反する資金使途についての融資を制限するのみならず、そのような ESG に反する事業活動を行う企業自体への融資を制限すべきか問題となる[25]。

この点、まずは ESG に反する資金使途についての融資を制限すれば足りるといえるが、融資金額や ESG 違反についての非難可能

147

第2部　逐条解説

性や影響によっては、企業自体への融資を禁止・制限する必要が生じうる[26]。

(3)　関連先条項（第3項）

> 3　甲は、第1項における表明確約事項につき、その親会社、子会社を含む関係会社、グループ会社等（以下「関連会社等」という。）にも遵守させるものとする。（関連先条項）

　ESG課題については、融資先の親会社、子会社を含む関係会社、グループ会社等（以下「関連会社等」という）を含めたESGリスク管理が必要となり、また債務者のみが第1項の表明確約条項等を遵守するのみでは、債務者の関連会社等を通じて資金が還流し、ESG融資の実効性を欠くおそれがあることから、債務者である融資先企業の関連会社等にもESG条項を遵守させる必要がある。

　ここでの「関連会社等」の範囲としては、会社法上の「親会社・子会社」、あるいは会計上の「関連会社」、さらに「関係会社」等の概念を用いることが考えられる。グローバルに事業展開している会社への融資に当たっては、特に「国・地域」に関するリスクベース・アプローチを機能させ、サプライチェーンを含む融資先の事業展開をミクロ・マクロに観察し、日本国内に限らず、会社のリスクの存在する関係先がこの条項でカバーできるような定めとすることもありうるが、一般にはCSR条項におけるサプライチェーン条項ほど広範に定める必要性が高くないものと解される。

---

25)　貸付実行後に資金使途に違反したことが判明した場合、期限の利益喪失条項を発動することも想定される。

26)　全国銀行協会は平成30年3月15日、「クラスター弾に関する銀行界の取組について」を公表しているが（https://www.zenginkyo.or.jp/fileadmin/res/news/news300345.pdf）、クラスター弾の製造企業に対しては、資金使途にかかわらず与信を禁止する内容となっている。

148

第3章　金融機関の ESG 融資における審査

(4)　報告・協調義務条項（第4項）

> 4　甲は、甲又は関連会社等において第1項の違反が認められた場合、直ちに乙に対してその事実を報告するものとする。その場合において、乙は甲に対し、違反事項や遵守状況等に関する対話・意見交換等を申し入れることができ、甲は、これに全面的に協力するものとする。（報告・協調義務条項）

　債務者自ら又は関連会社等が表明確約に違反した場合、直ちに金融機関に対して報告すべきことを定め（報告義務条項）、あわせて、金融機関と債務者が表明確約の遵守状況等について対話や意見交換を申し入れることとし、債務者等は全面的にこれに協力すべきこと（協調義務条項）を定めている。

　融資取引においては、財務健全性や信用度等を把握・検証する目的で財務情報の報告が求められ、銀行取引約定書等においても、貸借対照表、損益計算書等についての定期的な提供や財務情報等についての報告義務を定めることが多い。融資先企業の信用度及び財務健全性に影響を与えるという点では、非財務情報も同様なのであり、非財務情報としての ESG 情報についても同様の報告義務を課す必要性に基づく条項である。また、その報告を受けた両者の対応として、対話・意見交換（エンゲージメント）を行うものとし、それへの協力義務を課すことで、次項に定める是正措置の実効性を高めることを企図している。

　なお、モデル条項においては、資料提出義務は定めていないが、報告内容が真実であることを裏付けるものとして、資料提出義務について定めることも想定される。

(5)　是正措置の要求条項（第5項）

> 5　乙は、甲に第1項の違反が認められた場合、甲に対し、相当期間（以下「是正計画期間」という。）内に当該違反の原因究明及びその是正のための計画等を定めた報告書の提出を求めることができる。（是正

第 2 部　逐条解説

措置の要求条項）

　ESG 融資が、金融機関と債務者による対話を通じた ESG 課題への取組の促進を目的としていることや、期限の利益を喪失した債務者に与える影響が大きく、濫用の虞も払拭できないことを踏まえると、ESG 条項の違反があったとしても、期限の利益を直ちに喪失させることは適切ではない。すなわち、段階的措置として、まずは相当期間（是正計画期間）内に、違反についての原因究明及び是正の機会を与えるべきであるといえる。他方、債権者たる金融機関には、モニタリングやエンゲージメント（対話）を通じて、債務者たる融資先企業の ESG への取組を推進する責務を果たすために、債務者に対して是正についての計画等を定めた報告書を求める権利を付与すべきである。

　以上の観点から、モデル条項においては、是正措置を求めるとともに、金融機関側で債務者側の是正措置についてのモニタリングを行うための報告書の提出を要求できる条項としている。

　ここで、特に債務者の事業を安定させるためには、「相当期間」について具体的に定めるべきであるとの指摘もあり得るところであるが[27]、どの程度の期間が妥当かは、ESG 課題の内容、違反の程度や債務者の事業規模等によっても異なるものであり、一律に定めることは困難であることから、本 ESG モデル条項においては、一律の期間を特定してはいない。また、対話を重視する ESG 融資の趣旨からすれば、少なくとも契約上は、柔軟な対応の余地を残す意味で幅のある定め方としておくことにも合理性が否定されるものではないものと解される。

　ただし、予測可能性や法的安定性の観点から、個別の契約におい

---

[27]　日本弁護士連合会「人権デュー・ディリジェンスのためのガイダンス（手引）」（2015 年）67 頁。

150

第3章　金融機関のESG融資における審査

ては「相当期間」を特定することも想定されるし、是正計画においては、次項の期限の利益喪失条項の発動を実効あらしめるために、具体的なタイムスケジュールを定めておく必要がある。

　また、融資先企業が中小企業であったり、あるいは新興国を拠点とする企業である場合など、自社だけで十分な是正計画を立案することが容易でない場合も想定される。そのような場合には、ESGに関する知見を有する債権者たる金融機関において、是正計画立案の支援を行い、必要に応じて研修等を通じた定期的なフォローを実施することも考えられよう[28]。

(6)　期限の利益喪失条項（第6項）

> 6　乙は、前項の是正措置の要求にもかかわらず、是正計画期間経過後も、甲に第1項の違反がなお認められる場合、請求により、第●条に定める債務その他一切の乙に対する債務の期限の利益を喪失させ、直ちに弁済させることができる。（期限の利益喪失条項）

　債務者や関連会社等に表明確約違反や取引禁止宣言条項等があり、是正措置の要求にもかかわらず、是正計画期間経過後も違反が解消されず、その違反状態がなお認められる場合、請求により、期限の利益を喪失することができる旨の条項である。

　第1項ないし第3項に違反した場合であっても、個々の場面で期限の利益を喪失させるかについては、債務者の違反内容や重大性等を総合考慮し、慎重に行う必要がある。また、ESGは、対話による態勢整備、取組促進をコンセプトとしているところ、表明確約違反等も是正に向けた対話の契機となり得るものである。しかし、債権者として是正措置を求めたにもかかわらず、債務者がその計画に従った是正策を講じなかったために、相当期間経過後も違反状態が継続している場合には、直ちに融資を引き揚げるべきである。

---

28)　佐藤＝高橋・前掲注17)（下）37頁。

151

第2部　逐条解説

失期については、上記の通り、まずは是正措置の要求という段階的措置を行うとともに、是正期間経過後であっても、債務者の違反内容、ESG 課題に対する影響の大きさ（重大性）、訴訟リスク、規制リスク、レピュテーションリスク（風評リスク）等 ESG に関する各種リスクを総合考慮し、慎重に行う必要があることから、本モデル条項においては、当然喪失事由ではなく請求喪失事由と位置づけている[29]。

なお、期限の利益喪失条項は、重大な効果を伴うものであるため、紛争予防及び債務者の事業安定の観点から、発動要件を明確にしておくことが重要となる。しかし、具体的な是正計画期間は違反事項の内容等に応じて個別に定めるべきであり、これをあらかじめ融資契約等に定めておくことは実務的でない。期限の利益喪失条項のトリガーとなるのは、是正計画期間の経過及び違反状態の継続であるところ、これらの点について、是正計画で明確に定めておく必要があろう。

(7)　免責条項（第7項）

> 7　甲は前項に基づき期限の利益を喪失したことにより、自身又は保証人等に損害が生じた場合であっても、乙に対して何らその賠償を請求することはできない。（免責条項）

期限の利益喪失条項の適用により、債務者又は保証人に損害が生じた場合にも、金融機関に対して何ら請求しないことを定めた条項である。

債務者が期限の利益を失い、弁済期が未到来にもかかわらず弁済を求められることになったのは、自らの表明確約違反等であり、も

---

29)　請求喪失事由については、形式的に条項に該当したとしても、当該事実が実質的に借入人の信用度の著しい低下を意味せず、債権保全の実質的必要性が客観的に認められない場合、当該事由に基づく期限の利益喪失の主張は制限されると解されている（秋田地判平成 15 年 3 月 6 日金判 1171 号 28 頁）。

152

とより債権者の責によるものではない。その意味で、債権者が法的責任を負うことはないが、ここでは、そのことを確認的に定めることで、紛争を予防し、また、債務者のESGに対する意識醸成を促すものである。

(8) 損害賠償義務条項（第8項）

> 8　甲は、第6項に基づき期限の利益を喪失したことにより、乙に損害が生じた場合には、その損害を賠償するものとする。（損害賠償義務条項）

　期限の利益喪失条項の適用により、金融機関に損害が生じた場合、債務者又は保証人が責任を負うことを定めた条項である。

　前項で定める債権者の責任に対して、債務者は、自身の違反によって期限の利益を喪失したのであって、これによって債権者に損害が生じた場合には、それを賠償する責任が生じる。この責任は債務不履行責任あるいは不法行為責任として、損害賠償義務条項がなかったとしても生じるものであり、本条項は前項と同様、確認的な意義を持つものである。

(9) 濫用防止条項（第9項）

> 9　乙は、本条の目的が甲及び乙の間におけるESG課題の対応に向けた対話を促進することにある点に鑑み、期限の利益喪失に関する第6項に関して、ESGに関連するリスクの高さと不相応に濫用的に適用することのないように努めるものとする。

　ESG関連リスクの有無や程度を考慮せずに安易に失期させると、特にESG課題に対応するリソース（人材・資本・情報）を十分に有していない中小企業を恣意的な融資引揚げリスクにさらし、資金調達の道を奪うことにつながりかねず、濫用的な運用との誹りを免れない。また、金融機関が融資を引き揚げると、融資先が資金調達に苦慮し、より人権侵害等を助長したり、不良債権化し、金融機関の

第2部　逐条解説

財務の健全性にも反したりするリスクがある。

　さらに、ESG条項の目的は、金融機関と債務者とのESG課題の対応に向けた対話を促進し、ESG課題対応に向けた是正措置を促すための規律付けとして活用する点にある。

　そこで、本ガイダンス第7条「ESG条項の運用における留意点」において詳述する通り、金融機関が期限の利益喪失条項を濫用的に適用しないように努めることを明記したものである。

　期限の利益喪失条項は、その行使によって債務者に重大な影響を与えうるものであり、特に行使要件が抽象的である場合や債権者・債務者間でのパワーバランスに格差がある場合などには、濫用的に利用されることも懸念される。ESG条項の趣旨は、ESGの取組を促進する点にあるところ、その趣旨に反して濫用的に利用されることのないよう、定めるものである。

　債権者による濫用的適用を防止するためにも、債権者・債務者間において、そもそもの表明確約事由や違反が判明した際に策定する是正計画につき、情報交換及び協議を重ね、明確かつ具体的に定める必要がある。

（鈴木仁史・徳山佳祐）

第3部

実践例・留意点

はじめに

　第3部では、第2部日弁連 ESG ガイダンスの逐条解説をふまえ、同ガイダンスの実践方法や留意点に関して解説する。

　第1章「企業の非財務情報開示の実践例」（高野博史）では、国内外の企業の非財務情報開示のグッドプラクティスを紹介・分析すると共に、日弁連 ESG ガイダンス第1章企業の非財務情報開示との関連性に関しても論述する。

　第2章「機関投資家のエンゲージメントの実践例」（松原稔）は、国内外の機関投資家の ESG 投資におけるエンゲージメントのグッドプラクティスを紹介・分析すると共に、日弁連 ESG ガイダンス第2章機関投資家のエンゲージメントとの関連性に関しても論述する。

　第3章「投資家が企業の不祥事対応の「実力」を見極めるためのチェックポイント」（竹内朗）では、日弁連 ESG ガイダンス第2章機関投資家のエンゲージメントの実践に資する、投資先企業の不祥事対応の評価の物差しとなる不祥事対応のベストプラクティスやチェックポイントを解説する。

　第4章「開示・エンゲージメントにおける金商法上の法的論点」（工藤靖）は、日弁連 ESG ガイダンス第1章が規定する企業の非財務情報開示、第2章が規定する機関投資家のエンゲージメントにおいて、企業・機関投資家が留意すべき金商法上の法的論点について解説する。

　第5章「金融機関の ESG 融資の取組状況」（鈴木仁史）では、日弁連 ESG ガイダンス第3章が規定する金融機関の ESG 融資における審査に関連して、企業機関の取組状況と課題を紹介する。

第3部　実践例・留意点

第1章 ┃ 企業の非財務情報開示の実践例

はじめに

　人権擁護や労働問題、腐敗防止、環境問題、サプライチェーン、コーポレート・ガバナンス等の非財務情報は、日本企業においても、統合報告書、サステナビリティ報告書、コーポレート・ガバナンスに関する報告書等においても開示されるようになってきている。以下では、人権に関する開示を中心に、いくつか参考となる事例を紹介する。

第1　ANA ホールディングス株式会社

1　概要

　2018年、ANA ホールディングス株式会社は、日本で初となる「人権報告書 2018」[1] を発行した。人権に特化した報告書は、世界的にも一部の企業でしか発行されておらず、同社が日本企業として初めて発行したということの意義は大きい。

　同報告書は、人権に係る同社の取組や方針等が記載されている。記載されている項目は以下の通りである。

---

1)　ANA ホールディングス株式会社「人権報告書 2018」https://www.ana.co.jp/group/csr/effort/pdf/Human_Rights_Report_2018.pdf

158

第 1 章　企業の非財務情報開示の実践例

> ・トップメッセージ
> ・ANA グループとは
> ・これまでの人権尊重の取組
> ・グループ人権方針、現代奴隷法声明文、各種方針
> ・人権尊重に向けた推進体制・ガバナンス
> ・人権デューディリジェンス
> ・ステークホルダー・エンゲージメント
> ・人権専門家との定期的な取組のレビュー
> ・人権尊重の東京 2020 大会にむけて

　人権デュー・ディリジェンスの項目では、自社の事業内容に沿って人権リスクの特定がされ、以下のリスクについて人権テーマとして設定されている。また、同社は日本を含む特定の就航国における人権リスクの発生の防止に取り組むことが明記されている。

> ・日本における外国人労働者の労働環境の把握・改善
> ・機内サービス物品・機内食に係るサプライチェーン上の調達先企業の従業員の労働環境の把握・改善
> ・航空機を利用した人身取引の防止
> ・贈収賄の防止

　それぞれの人権テーマについて現状認識と今後の対策が記載されているが、特に日本における外国人労働者の労働環境の把握については詳細な記載があり、かかる問題について、第三者機関とともに委託先の外国人労働者に対して労働環境把握のために直接のインタビューを実施し、外国人労働者の要望やニーズの把握に努め、また、委託先の雇用及び労働管理に係る情報の収集や、実際の外国人労働者の住居の確認の実施等の取組が記載されている。

　また、ステークホルダー・エンゲージメントの項目では、委託先やサプライヤーに対して、人権方針の説明や取組への協力要請等を行っていること等が記載されている。

　その他、人権に関する各種方針の施行状況や、人権尊重に向けた

第3部　実践例・留意点

推進体制・ガバナンス等についても言及されており、同社の人権ついての取組の概要が説明された報告書となっている。

2　コメント

当該報告書では、同社の人権課題に対する取組の概要を把握することができる内容となっている。さらに、概要だけではなく、日本における外国人労働者の労働環境の把握、改善が同社の重要な課題であるということを特定した上で、外国人労働者に対する直接のインタビューを含む各種調査を実施したこと等の具体的な施策も記載されている。また、委託先やサプライヤーに対して人権擁護を行うよう協力要請をするというビジネスと人権に関する指導原則でも言及されている企業のサプライヤー等に対する影響力を行使して人権擁護を進めるという企業としての責務の履践に係る具体例も記載されており、人権課題の解決に対する同社の熱意を窺い知ることができる内容となっている。

第2　味の素株式会社

1　概要

味の素株式会社は、環境問題、人権問題、ガバナンス等についての同社の現状や取組等を詳細に記載した「サステナビリティデータブック2018」[2]を発行している。同社は、社会課題を解決し、社会と共有する価値を創造することが同社にとって重要であることを前提として、同社グループが事業を通じて解決すべき「21世紀の人類社会の課題」として、「健康なこころとからだ」「食資源」「地球持続性」の3つを設定している

---

2)　味の素株式会社「味の素グループ サステナビリティデータブック2018」
https://www.ajinomoto.com/jp/activity/csr/pdf/2018/SDB2018_all.pdf

第1章　企業の非財務情報開示の実践例

　また、社会的価値という非財務目標が経済価値である財務にどのような影響を及ぼすのかという予測についても、具体的な数値を用いて説明がなされている。

　各課題の取組についても、各課題の現状について詳細に分析した上、同社がそれぞれの課題解決のために提供できる具体的な施策の提案がなされている。また、具体的な事例やデータ等が多く公表されている。以下では、いくつかの項目について概要を説明する。

(1)　食資源・地球持続性について

　同社グループでの課題認識を踏まえ、「味の素グループ環境ビジョン」で実現していくこととして、以下の課題が挙げられている。

> ・持続可能な原料調達
> ・フードロス半減
> ・カーボンニュートラル
> ・持続可能な水利用
> ・資源化と 3R

　また、具体的な目標設定、現在までの目標値に対する達成率についても、温室効果ガスの排出量、水使用量、廃棄物の削減等について、具体的な数値目標が具体的な期限を設けて定められ、さらに今までの具体的な削減実績も公表されている。

　また、同社で実際に発生したいくつかの環境に係る問題についても、概要や再発防止策について、簡潔ながらも記載されている。

(2)　労働・ダイバーシティ等について

　労働やダイバーシティについても、以下の項目等について、様々なデータや目標、課題解決のための施策等が公表されている。

> ・研修等の実施、事業所内保育所の設置、LGBT に関する差別を禁止するグループポリシーの策定、シニア人材再雇用制度の運用、障碍者雇用の拡大等の具体的な施策の実施状況等、ダイバーシティ推進に係る記載。
> ・従業員の過去の年間平均総実労働時間、次年度以降の目標総実労

161

第3部　実践例・留意点

働時間の設定と当該目標を達成するための具体的方法等、労働時間短縮のための具体的施策。

・テレワークや所定労働時間の短縮、始業時間の前倒し等フレキシブルに働ける環境の整備状況、業務の標準化・自動化による生産性向上施策等についての具体的説明。

・従業員の心と体の維持について、医療スタッフの全従業員との面談を実施。

⑶　人権問題について

同社グループの事業に関連する潜在的な人権課題について特定するために、外部機関と協働し、人権デュー・ディリジェンスを行ったこと、そこで発見された事業領域上のリスクの内容や、具体的な計画への落とし込みを進めていること等が記載されている。さらに、社会的にも関心の高まっている外国人技能実習生に関しても、同社で受け入れている外国人技能実習生125名について、第三者機関を起用し労働実態調査を行ったこと、当該調査によって特に問題が発見されなかったことが公表されている。

さらに、ホットラインの設置についても、同社グループだけでなく、サプライヤーを対象としたホットラインを設置していること、2016年度及び2017年度の各年度のホットラインへの通報件数の合計件数と相談内容の類型ごとの通報件数が公表されている。

2　コメント

幅広く情報が記載されており、かつ、具体的な施策や結果等も公表されている。さらに環境に関する取組については、温室効果ガス排出量の削減等、達成すべき目標が数値で明確にされている上、当該目標に対する現状の実績も明記されており、同社がどのような取組をしてきて、現状どのような状況なのかということを理解できるようになっている。さらに、自社で発生した環境に係る問題等の概要と件数についても明らかにする等、自社に不都合な内容について

も公表しており、環境問題に対して真摯な姿勢で取り組んでいることが窺える。また人権問題については、国内外で関心の高い外国人技能実習生について、第三者機関を通じた調査についても公表されており、同社として外国人技能実習生の問題に強い関心を寄せ、積極的に対応していることが明らかとなる内容となっている。さらに内部通報についても同社グループだけではなくサプライヤー向けの内部通報窓口を設置しているほか、通報の合計件数と相談内容の類型ごとの通報件数等も記載されており、透明性を高める姿勢を窺い知ることができる内容となっている。

第3　日本たばこ産業株式会社

1　概要

　日本たばこ産業株式会社は、統合報告書とは別に、「FY2017 JTグループサステナビリティレポート」[3] を公開している。当該報告書では、社内外の専門家・ステークホルダーと協働して、同社のたばこ事業において優先順位が高い重要課題（マテリアリティ）を抽出した上で、事業の持続的な成長に向けての4つの注力分野及び事業を継続させるため「人権の尊重」「環境負荷の軽減と社会的責任の発揮」「良質なガバナンスと事業規範」という3つの基盤が設定されている。

　また、各事業における取組については、特にたばこ事業にフォーカスして、サプライチェーンのリスクマネジメントや、たばこ製品の不法取引の問題等のたばこ製品を取り巻く具体的な問題やそれに対して同社がとっている具体的な施策が公表されている。

---

3)　日本たばこ産業株式会社「FY2017JT グループサステナビリティレポート」https://www.jti.co.jp/csr/report/FY2017/pdf/JTG_Sustainability_Report_FY2017_JP.pdf

第3部　実践例・留意点

　サプライチェーンのリスクマネジメントについては、同社が葉タバコの取引をはじめ数多くのサプライヤーと提携しているため、サプライチェーンマネジメントが同社の持続的成長にとって重要であると認識し、その上で、サプライチェーンのリスクマネジメントを行っていることが公表されている。

　具体的には、耕作労働規範（ALP）の導入を含む葉たばこ農家の労働環境改善のための取組や児童労働問題への取組やそれらの成果等が詳細に記載されている。当該報告書に記載されている ALP の取組について、以下で引用する[4]。

> ・ALP は、JT グループが直接はたばこを調達しているブラジル、セルビア、マラウイ、タンザニア、ザンビア、米国、トルコに導入されています。
> ・葉たばこ農家と長期にわたる信頼関係を構築してきた日本においても労働環境のさらなる整備に向けて、2017 年から ALP の展開を開始しました。
> ・JT グループは、葉タバコを調達している国の 90％において、葉タバコ農家及び葉たばこディーラーと関係を構築しています。2017 年は、JT グループが直接農家と契約して調達を展開する国に限らず、葉タバコディーラーを通じて調達するギリシャ、インド、インドネシア、ジンバブエ、スペイン、ドイツ、アルゼンチン、ブラジル、マラウイ、タンザニアなどの国の葉たばこディーラーと、関係を構築しました。
> ・葉たばこを調達している大半の国において、ALP に関するレポートを受領しました。中でも、葉たばこ調達の大半を占める前述の国とは、深い関係を築いています。
> ・4 万 3500 戸の直接契約している 90％の農家に対して、ALP の取組状況を確認しました。
> ・2017 年には、葉たばこディーラーの 70％から ALP に関するレポートを受領しました。

---

4)　前掲注3)「FY2017JT グループサステナビリティレポート」31 頁。

164

第1章　企業の非財務情報開示の実践例

　また、たばこ製品の不法取引に係る問題については、同社は、業界のリーダーとして積極的に対策を採る必要性があることを認識していること、同社グループ内で熟練専門家による不法取引対策チームを組織し、同社製品の違法なルートへの横流しの防止や、同社グループのブランドの偽造の防止や啓発、不法なたばこの悪影響についての啓発活動等の取組をしていることについて具体例を交え詳細に記載されている。

　さらに、内部通報窓口については、同社従業員だけでなく、取引先も利用できる窓口を設けていること、並びにその通報の合計件数及び類型ごとの通報件数の内訳が公表されている。

　また、同社が人権デュー・ディリジェンスを実施したこと、その際に、外国人労働者、ハラスメント、長時間労働等の人権課題が浮き彫りになったこと、さらにそれらの課題について今後改善を図っていくこと等が記載されている。

2　コメント

　同社が、事業を持続的に展開するに当たって、事業のどの領域に、どのような問題があり、どのように解決しなければならないのか、または解決したのかということについて、豊富な具体例とデータを用い説明されており、また、同社が対処すべきリスクを的確に把握した上で、実効性のある解決策をとっているということを窺い知ることができる内容となっている。また、人権デュー・ディリジェンスの結果や内部通報の結果等についても公表をしており、透明性を意識して開示をしていることを知ることができる。

第4　伊藤忠商事株式会社

1　概要

　伊藤忠商事株式会社は、統合報告書とは別に「Sustainability

第 3 部　実践例・留意点

Report 2018」[5] を発行し、環境問題、人権問題、ガバナンス等について報告をしている。当該レポートでは、人権や、環境、働き方等に係る課題をサステナビリティ上の重要課題（マテリアリティ）として特定し、それぞれのリスク等ついて分析がなされている。そして、事業カンパニーごとに、それぞれの ESG の取組事例が具体的に記載されている。

　その他、同社では働き方改革を含め、従業員との関わりにおいて、労働時間管理を徹底するとともに、朝方勤務制度を導入していることや、がんにり患した従業員が治療中も働き続けることができるための取組の導入等、働き方についての先進的な取組についても公表している。

2　コメント

　事業カンパニーごとの重要課題の特定、成果の指標の設定をし、達成するための取組等が記載されており、ESG に係る問題について、積極的に対応を進めていることが分かる内容となっている。また、全社的にも、従業員の働き方についての記載は詳細かつ広範にわたり、同社が働き方改革に熱心に取り組んでいることを窺い知ることができる内容となっている。

第 5　住友金属鉱山株式会社

1　概要

　住友金属鉱山株式会社の「統合報告書 2017」[6] では、自社のサステナビリティ課題を特定した上で、各課題の取組について記載して

---

5)　伊藤忠商事株式会社「Sustainability Report 2018」https://www.itochu.co.jp/ja/files/18fullj-all.pdf

6)　住友金属鉱山株式会社「統合報告書 2017」http://www.smm.co.jp/ir/library/annual/pdf/2018_All.pdf

いる。

とりわけ、地球温暖化による気候変動・生物多様性への影響が、グループの事業活動に対する大きなリスクであることを明記した上で、温室効果ガスの排出量、水使用量、廃棄物の削減等の環境に関わる目標について、具体的な数値目標を設定し、さらに今までの削減実績等も具体的数値を用いて公表している。

また、例えば、鉱山開発の際に、どのような環境対策や現地住民との調整をしたのか等について、米国アラスカ州のポゴ金鉱山の事例等、実際の取組事例が多く紹介されている。

また、鉱山開発会社として問題となることが多い開発に伴う地域住民や先住民の移転の問題や紛争鉱物規制に関する取組等についても、適切に行っていることを示す具体的な記載がなされている。

2 コメント

同社は、鉱山開発という周辺地域や周辺社会に対して非常に大きな影響を与える事業を行う会社であることから、地球環境や周辺住民の権利の問題については重大なリスクであるという認識のもと、環境については数値目標や具体的な開発事例における環境対策を、人権についても先住民の移転のプロセスや移転後の支援プログラムを、また、紛争鉱物についても第三者機関による監査を受けたことを報告書に記載している。報告書全体を通して、同社が、自社が抱える社会課題を適切に理解し、それらに対して積極的に取り組んでいることが窺える内容となっている。

第6 Unilever

1 概要

Unilever は、世界に先駆けて人権に特化した報告書[7]を発行し、その中で、同社の人権に対する考え方や取組等について詳細に記載

第3部　実践例・留意点

している。同社は、人権問題が事業活動に深刻なダメージを与える
リスクであると捉え、特に、健康安全、労働時間、賃金の平等、土
地の権利、差別、ハラスメント、結社の自由、強制労働という8つ
の人権問題について、同社の重要な課題として設定している。そし
て、それぞれの問題について、同社が設定した目標、その達成に向
けての取組とその取組の結果が詳しく記載されている。

　また、同社が、同社及び同社のサプライヤーの人権課題について
調査したことや、その調査の結果についても詳しく記載されている。
特にサプライヤー監査については、その調査結果について、地域・
事業分野・違反の種類ごとの違反の件数等についてデータを用いて
詳しく記載されている。また、各人権課題に係る違反の具体例につ
いても概要と解決に至るプロセスが記載されている。各項目で紹介
されていた具体例を要約して紹介する。

（1）　差別について

　サプライヤーにおいて、妊娠中の従業員に対する差別があること
を発見し、Unilever からサプライヤーに対して改善を促し、内部通
報システムの設置や通報者の保護体制の整備を含め改善が実行され
た。

（2）　最低賃金について

　2016 年の年次の査定において、34 か国 9,987 人の直接の従業員
において最低賃金に問題があることが発覚したため対応を進めたと
ころ、翌 2017 年には、25 か国 6,458 人に減少した。また、2020 年
までに生活賃金以下の従業員をなくすことを目標としている。

---

7)　UNILEVER PLC, UNELEVER N.V「Human rights progress report 2015」
　　https://www.unilever.com/Images/unilever-human-rights-report-2015_tcm244-
　　437226_en.pdf、　同「Human rights progress report 2017」https://www.
　　unilever.com/Images/unilever-human-rights-report-2015_tcm244-437226_
　　en.pdf

第1章　企業の非財務情報開示の実践例

⑶　**強制労働について**

　サウジアラビアやマレーシアのサプライヤーが、外国人労働者の
パスポートを取り上げるという違反を犯しており、Unilever が返還
をするように働きかけ、実際にサプライヤーから当該外国人労働者
に返還された。

⑷　**結社の自由について**

　臨時労働者や移民労働者等についての調査等をし、直接雇用への
切替えや職業訓練等を行った。また、サプライチェーンに対しても
労働組合への加入を許可するよう働きかけており、実際にサプライ
ヤーにおいて許可がされた。

⑸　**ハラスメントについて**

　サプライヤーでの違反事例を公開し、苦情メカニズムの設置を含
む再発防止策を策定させた。

⑹　**健康安全について**

　健康安全を達成するためにテクノロジーを活用したプロジェクト
を実施し、実際にケガが減少した。

⑺　**労働時間について**

　自社の従業員がフレキシブルな働き方をすることができるための
施策を実施し、また、サプライヤーに対しても、長時間労働を是正
するための施策を取るよう指導等をした。

2　コメント

　本報告書は、人権分野にフォーカスした内容の報告書にもかかわ
らず、80 頁を超える情報量の多いものとなっている。その中で、
Unilever は、重大なリスクとなりうる人権問題を設定した上で、各
人権問題について、自社のみならずサプライヤーも監査し、その概
要や件数、対応策等を具体例とともに詳細に報告している。さらに、
サプライヤーの違反について、大企業である同社のサプライヤーに
対する影響力を行使し、サプライヤーの違反を是正させた事例が多

第3部　実践例・留意点

数紹介されており、ビジネスと人権に関する指導原則でも言及され
ているサプライヤーへの影響力を行使するという企業の責任を果た
していることが窺える内容となっている。

第7　The Coca-Cola Company

1　概要

　The Coca-Cola Company は、Unilever と同様、人権に特化した報
告書[8]を発行し、その中で同社の人権に対する考え方や取組等につ
いて詳細に記載している。特にサプライチェーンについては、サプ
ライチェーンの監査を第三者機関と行い、サプライヤーに同社の人
権に関するガイドラインを遵守させたり、研修を提供したりし、ま
た、当該ガイドラインに違反している場合には同社の影響力を行使
し違反を是正させるという取組を行っていることが記載されている。
また、同社のサプライチェーン全体像の概要についても、透明性の
観点から、自社が製品に利用する原材料ごとにどのようなサプライ
ヤーがどのような地域にどの程度いて、どのような問題を抱えてい
るかということ等について記載がされている。

　その上で、同社は、同社の事業等に関係するリスクとして、13
の人権課題[9]を特定している。特定した課題の多くについて、具体
的な数値等を用いて自社やサプライチェーンの状況を公開した上で、
同社及びサプライチェーンが抱えている問題点や、改善のための取
組等を具体的に記載している。

　また、同社は、救済へのアクセスについても人権を享受するため
に必要不可欠なものとして重視していること、そのために救済手段

---

8)　The Coca-Cola Company「THE COCA-COLA COMPANY'S HUMAN
　RIGHTS REPORT 2016-2017」https://www.coca-colasrbija.rs/content/dam/
　journey/rs/sr/private/pdfs/Human-Rights-Report-2016-2017-TCCC.pdf

第 1 章　企業の非財務情報開示の実践例

を提供していることを記載し、また、従業員に対する通報窓口に寄せられた通報の類型及びその具体的件数も記載している。

2　コメント

　本報告書は、同社の人権分野のリスクや課題、取組等が具体的かつ詳細におよそ50頁にわたって記載されている。その中で、同社のサプライチェーンについて、どのようなサプライヤーが、どのような地域に、どのくらい所在しており、どのような人権問題が存在するのか等について概要が示されているため、同社が重要な人権課題として設定した背景が理解しやすくなっているように思われる。また、同社はサプライヤーに対する影響力を積極的に行使し、サプライヤーに同社の人権に関する規範等を遵守させる等の取組を行っていることを明記しており、ビジネスと人権に関する指導原則で言及されている企業の責任を果たしていることが窺える内容となっている。

（髙野博史）

---

9)　Safety and health of all workers/security/right to life, Equality/nondiscrimination and related issues/risks, Child labor, Forced migrant labor/forced labor of seasonal workers, Freedom of association, Access to water, Working hours, Healthy lifestyles, Land rights, Product safety/quality, Rights linked to sponsorships, Right to privacy.

第3部　実践例・留意点

第2章 | 機関投資家のエンゲージメントの実践例

第1　はじめに

　本章では、パッシブ運用を行う機関投資家が投資先企業のESG関連リスクへの対応の観点からどのようにエンゲージメントを実践しているのか、その実践例を紹介する。

　前提として、まずパッシブ運用を行う投資家が、ESG関連リスク対応の観点からエンゲージメントを行うことになぜ関心を有するのかを分析・解説する。

　その上で、りそな銀行がESG関連リスク対応の観点で、どのようなエンゲージメントを行っているのかを紹介する。

　また、りそな銀行も参加している機関投資家協働対話フォーラムがESG関連リスク対応の観点でどのような集団的エンゲージメントを実施しているのかについても紹介する。

第2　パッシブ運用とESG投資におけるエンゲージメント

　ガイダンスの序論において明記されている通り、第2章は、特に中長期の株式保有を通じたパッシブ運用を行う機関投資家を対象として、ESG関連リスクの対応に関する投資先企業に対するエンゲージメントのあり方を解説している。

　様々な種類の投資家が存在する中でも、特にパッシブ運用を行う長期機関投資家が、投資先企業のESG関連リスクに関して強い関

172

第2章　機関投資家のエンゲージメントの実践例

心をもち、エンゲージメントを実施すること考えられる。

　その理由を説明するために投資家の種類や運用方法の比較に関して簡単に説明を行う。その上で、主にパッシブ運用を行う長期機関投資家が、その意思決定において、投資先企業のESG関連リスクをどのように位置付けているのかを紹介する。

1　長期の機関投資家の特徴

　投資家には、その属性（個人・企業）、投資期間（短期・長期）などの観点で、様々な種類の者が存在する。その中でも、長期の機関投資家は、日本版スチュワードシップ・コードにおいても示されるように、株式を長期的に保有し（又は長期的な視点をもち）、投資先企業やその事業環境等に関する深い理解に基づく建設的な「目的を持った対話」（エンゲージメント）などを通じて、当該企業の企業価値や持続的成長を促すことにより、「顧客・受益者」（最終受益者を含む）の中長期的な投資リターン拡大を図ることを目的としている。

2　アクティブ運用とパッシブ運用の比較

　長期機関投資家の運用方法には、大別して、アクティブ運用とパッシブ運用がある。

　アクティブ運用は、平均以上（例えば、日本株式であればTOPIX配当込の収益率）の運用成果を目指す運用手法であり、リサーチ活動を行い、投資哲学に合わせて「将来、企業価値が向上する企業（将来伸びる企業）」に重点的に投資している。逆に言えば、「将来伸びる企業」として投資したものの、その後「将来伸びない企業」と判断すれば売却することもある。

　一方、パッシブ運用は、日本株式でTOPIXをベンチマークとした運用であれば、TOPIXの動きに合わせて運用するため、TOPIX構成の東証一部上場企業は時価総額に応じて、東証一部上場企業すべてに投資することになる。逆に言えば、東証一部に上場している

173

第3部　実践例・留意点

限りは売却することはないので、持ち続ける（Buy and Hold）といった特徴を持つ。

　このように、アクティブ運用とパッシブ運用には、投資企業の選択肢の有無、そして投資企業のウェイト付けが可能か（言い換えれば、将来伸びる企業に重点投資が可能か）、売却の選択肢があるかという違いがある。そのため、下記表の通り、アクティブ運用とパッシブ運用では、対話・エンゲージメントの方法が異なってくる。

図表 3-2-1　アクティブ運用とパッシブ運用の比較表[1]

	アクティブ運用	パッシブ運用
タイムホライズン	中〜長期	長期〜超長期
エンゲージメントの切実性	中程度（超過リターンα獲得が第一）	高位（市場全体の価値向上が必要）
エンゲージメント・テーマの特徴	企業固有の問題が焦点	市場全体に共通的な課題が焦点
エンゲージメント内容の公開の有無	非公開（超過リターンαの源泉）	公開も可（市場全体への波及効果狙い）

3　パッシブ運用投資家によるエンゲージメントの特徴

　機関投資家は、投資先企業のマテリアリティ（重要課題）に焦点を絞ってエンゲージメントを行うところ、その重要課題は個々の企業によって異なるのが通常である。

　加えて、パッシブ運用は、日本株式であれば TOPIX をベンチマークとした運用が主流である。この運用タイプは、東証一部上場企業すべてに投資、かつ Buy and Hold しているといった特徴を持

---

1)　一般的な傾向を示すものであり、明確な分別はできないことに留意されたい。

174

ち、かつ一般的にパッシブ運用はその性格からアクティブ運用に比べ資金規模が大きくなりやすいため、「ユニバーサル・オーナー」（投資額が大きく、資本市場全体に幅広く分散して運用する長期投資家）という性格を有する場合がある。

このようなパッシブ運用の特徴ゆえに、個々の企業が直面する個別の課題に加えて、外部不経済性、つまり環境・社会における問題をどう最小化し、社会全体が持続可能になるかといった視点からエンゲージメントを行うことにも関心を有する。いわば、「『日本株式会社』のマテリアリティ（重要課題）とは何か」といった視点も重要となる。

4 投資家によるESG関連リスクと機会の位置付け

たとえパッシブ運用を行う長期機関投資家であっても、その最終的な目的は中長期的な投資リターン拡大である以上、ESG関連リスクが企業価値や株価にどのように影響するのか、その関係性が重要な意味を有する。

この関係は、下記の配当割引モデル（定率成長モデル）の定式から理解することが可能である。

図表 3-2-2 配当割引モデル（定率成長モデル）の定式

$$（長期）株価（P）= \frac{配当金（D）}{割引率（r）-成長率（g）}$$

ESG関連リスクの顕在化としての不祥事が発生した場合、企業に法的な制裁金などが課せられ費用が発生したり、取引先から取引を停止され売上が低下したりすることにより、企業の財務諸表ひいては配当金（D）に直接の影響を与えることになる。

このような配当金に対する影響以上に株価に対する中長期的な影響が大きいのは、当該企業のESGリスク管理・ガバナンス体制に

第3部　実践例・留意点

関して投資家の間で疑義が広がることである。このことにより、投資先企業の将来の業績予想において、資本コストの増加により割引率（r）が引き上がる、または収益の減少により成長率（g）が引き下がることを通じて、中長期的に株価にマイナスのインパクトが生じること考えられる。上記定式において、割引率（r）や成長率（g）といった分母のパーセンテージに若干でも変化が生じれば、株価に大きな影響が生じる可能性がある。

　一方、企業が、ESG関連リスクの管理やそのためのガバナンス体制を効果的・効率的に強化していることを開示し、投資家から信頼を勝ち取ることができれば、割引率（r）の減少や成長率（g）の増加を通じて、株価を中長期的な向上を図ることも可能となる。

　このようにESG関連リスク管理の実効性及び透明性は、株価や企業価値にも大きな影響を与えうる。

第3　りそな銀行におけるエンゲージメント

1　りそな銀行における責任投資の考え方

　りそな銀行は2008年3月に責任投資原則への署名を行い、責任投資に対する取組を進めてきた。

　りそな銀行は、「責任投資にかかる基本方針」を公表し、責任投資に関する考え方を明確にしている。

　具体的には、受託財産等の運用に当たっては、投資先企業の財務情報に加え、環境・社会・企業統治（ESG：Environment, Social and Corporate Governance）にかかる課題への対応を含む非財務情報についても十分に把握・分析し、中長期的視点から企業の価値向上や持続的成長を促し、これらを通じて信託財産等の価値の増大に努めている。

　このような方針を具体化する行動として、①投資の意思決定プロセスへのESGの組込み、②投資先企業との建設的な対話・エン

176

ゲージメント、③受託者として適切な議決権行使を実践している。

2　投資先企業との建設的な対話・エンゲージメント

対話・エンゲージメントに関しては、アクティブ運用・パッシブ運用双方で行われている。

アクティブ運用においては、独自の投資哲学に基づいて、専ら投資先企業の価値向上を促すという観点で、投資先企業の実態に即した対話・エンゲージメントを行っている。

パッシブ運用では、その性質上、投資先企業の株式を幅広く継続的に保有することを前提としており、売却する選択肢が限定的であることを勘案し、市場全体の底上げも視野に入れた中長期的時間軸での取組を行っている。具体的には、企業戦略、業績、資本政策、環境・社会・企業統治（ESG）等に係る課題のほか、企業による社会的責任について問題意識を共有し、その遂行状況等について対話・エンゲージメントを実施している。

3　パッシブ運用におけるエンゲージメントの状況

りそな銀行信託財産運用部・アセットマネジメント部が 2018 年 9 月 28 日に「スチュワードシップ活動の概要」を公表しており、エンゲージメントの状況を具体的に報告している。

以下では、同日弁連 ESG ガイダンス第 2 章が主な対象としているパッシブ運用に関するエンゲージメントにフォーカスを当てて報告する（上記レポート 8 頁以下）。

国内株式パッシブ運用を担当する責任投資グループでは 2017 年 7 月から 2018 年 6 月まで、投資先企業 137 社と 163 回のエンゲージメントミーティングを行った。

主にコーポレート・ガバナンス関連のエンゲージメントが中心となる投資先企業との SR ミーティングでは、取締役会のスリム化や業績連動役員報酬など、各投資先企業の現状に応じたエンゲージメ

第3部　実践例・留意点

ント課題を設定し、コーポレート・ガバナンス改善に向けたミーティングを行った。また、社外取締役を複数名選任しておらず代表取締役に対して継続的に反対票を投じている投資先企業を訪問し、社外取締役の増員をエンゲージメント課題としてミーティングで改善を促した。

エンゲージメントにおいて課題設定したテーマの割合は以下の通りとなっている。

図表 3-2-3　2017/2018 期のりそな銀行のエンゲージメントのテーマ割合

テーマ	割合	内容
資本政策関連	11%	資本政策の考え方（過剰な現金保有の資金使途）、キャッシュフロー・成長投資・株主還元の考え方、政策保有株式の売却方針
経営戦略関連	1%	中期経営計画、M&A、事業構造改革
環境問題関連	16%	森林破壊、温室効果ガス排出量削減
社会問題関連	14%	サプライチェーンにおける人権問題（児童労働・強制労働）、働き方改革
コーポレート・ガバナンス関連	25%	取締役会の実効性評価、独立社外取締役充実、取締役会のスリム化、業績連動役員報酬
買収防衛策関連	13%	買収防衛策継続の理由、取締役会での議論内容 / 社外取締役の考え、前回継続時からの企業価値向上への取組実績＆今後、買収防衛策のスキーム向上
情報公開関連	17%	統合報告書作成・充実、環境関連情報開示充実
反社会的行為の防止関連	3%	不祥事の調査状況と今後の取組

以上の環境問題関連、社会問題関連、コーポレート・ガバナンス関連のテーマのエンゲージメントには、日弁連 ESG ガイダンス第2章が推奨する、投資先企業における ESG 関連リスクの対応に関

する平時のエンゲージメントに対応するものも多く含まれている。また情報公開関連のエンゲージメントも、日弁連 ESG ガイダンスが推奨する通り、投資先企業に対し非財務情報開示の充実を促すことを目的としている。

　不祥事対応に関わる反社会的行為の防止関連のエンゲージメントは、不祥事を発生させた企業のみを対象とするものであるため、数自体は少ないが、議決権行使にも大きく関係する重要なエンゲージメントのテーマとなっている。

　以下では、環境問題関連、社会問題関連をテーマとするエンゲージメントと共に、企業不祥事に関するエンゲージメント・議決権行使を紹介したい。

4　環境問題関連、社会問題関連をテーマとするエンゲージメント

　「スチュワードシップ活動の概要」8 頁以下に記載される通り、りそな銀行は、2017 年 8 月から、環境問題関連、社会問題関連に係る「持続可能なパーム油」の調達をテーマとしたエンゲージメントを開始している。

　パーム油は世界で一番使用されている植物油であり、多くの食品、洗剤などの家庭用品、化粧品の原料として使用されている。その一方で、主要生産国であるマレーシアやインドネシアにおいて、パーム農園開発に伴う森林破壊、児童労働や強制労働、先住民との軋轢等の問題をはらむ植物油でもある。パーム油を原料とした製品を取り扱う企業、つまりパーム油のサプライチェーンに関わる企業は日本にも数多く存在するが、欧米の企業に比べると、パーム油問題への対応状況はまだ改善の余地が大きい。

　りそな銀行は 2016 年 8 月から、高崎経済大学副学長の水口剛教授及び一般社団法人 CSR レビューフォーラムなどの NGO の方々と協力し、日本での「持続可能なパーム油」の普及を目指してパー

第3部　実践例・留意点

ム油問題検討会で情報交換を行っている。この検討会は2018年7月で10回目を迎えたが、ここで得た知見を活かして、パーム油サプライチェーンに属する投資先企業を訪問し、「持続可能なパーム油」の使用を働きかけている。

　具体的には、パーム油サプライチェーンに属する投資先企業をリストアップし、2017年8月から2018年6月までの間に、小売企業15社、食品製造企業10社、トイレタリー製造企業6社、化学・製油企業4社の合計35社を訪問しミーティングを行った。ミーティングでは、パーム油サプライチェーンにはらむ環境・人権リスクを説明し、「持続可能なパーム油」に対する取組状況の確認を行い、先進的な取組を行っている企業の事例を紹介し、「持続可能なパーム油のための円卓会議（RSPO）」への加盟を促し、「持続可能なパーム油」の使用を求め、パーム油問題への取組目標と取組実績の開示を依頼した。

　また、2018年1月にはりそな銀行アナリストが、マレーシアとシンガポールに本社を置く大手パーム農園運営企業ともミーティングを行った。2018年7月以降も、パーム油サプライチェーンの川上企業である総合商社や外食企業も新たにエンゲージメント対象企業に加え、ミーティングを開始している。

5　企業不祥事に関するエンゲージメント・議決権の行使

　りそな銀行では、投資先企業の不祥事に関しては、以下の通り、エンゲージメントの対象となるのみならず、エンゲージメントの結果等をふまえて、議決権の行使に当たっても考慮されている。

(1)　議決権行使の考え方と対話・エンゲージメントとの関係

　りそな銀行は、議決権行使基準を策定・公表している。議決権の具体的行使基準を示し、それに則って行使を行うことで、企業のコーポレート・ガバナンス改善を促進し、長期的な株主利益の最大

化を目指すことが、その目的にある。株式投資において、受益者の利益を安定かつ継続的に高めていくためには、企業が株主利益の最大化を尊重した経営を行い、長期安定的に企業収益を計上していくことが重要となるところ、そのためには、企業におけるコーポレート・ガバナンスが十分に機能することが不可欠である。

議決権行使においては、対話／エンゲージメントの内容・結果をベースに長期投資家として投資先企業のガバナンス体制等に対する評価、意思表示として賛否を判断している。その場合、議決権行使基準とは異なる判断となる、又は同基準だけでは明確に判断できない議案に関しては、責任投資会議にて審議を行い、適切に賛否を判断している。

(2) 企業不祥事の位置付け

議決権行使基準「9.反社会的行為に関する事項」に規定されている通り、法令違反行為、行政処分が科された行為、公序良俗に反する行為、環境問題への不適切な対応等、社会的責任の観点から問題となる行為をなした企業を「反社会的行為を行った企業」として選定し、ガバナンス強化を考慮した賛否判断を行っている。

明らかに株主価値毀損に繋がると判断される場合、責任を取るべき取締役・監査役の再任に反対している。また、責任を取るべき取締役・監査役への役員賞与支給および退職慰労金支給にも反対している。

このような取組は、日弁連 ESG ガイダンス第2章が推奨する、企業不祥事発生時の有事エンゲージメントにも対応しているものと考えられる。

「反社会的行為を行った企業」の定義に関しても、法令違反行為、行政処分が科された行為のみならず、公序良俗に反する行為、環境問題への不適切な対応等、社会的責任の観点から問題となる行為をなした企業を含め規定している。

第 3 部　実践例・留意点

6　集団的エンゲージメントへの参加

　以上で解説した個別のエンゲージメントのほかにも、りそな銀行は第 4 で規定する機関投資家協働対話フォーラムの集団的エンゲージメントにも参加している。

　また、海外企業に対するエンゲージメント活動として、以下の通り、主に PRI などのプラットフォームを活用した協働エンゲージメント等に参加している。

図表 3-2-4　りそな銀行の参加する集団的エンゲージメント

ESG 課題	エンゲージメント名 / 活動プラットフォーム
気候変動	Climate Action 100 ＋ Climate change transition for oil and gas / PRI
環境、森林破壊	Cattle-linked Deforestation / PRI-Ceres
人権、労働慣行、サプライチェーン	UNGP Reporting Framework Investor Initiative / PRI（賛同表明） Labor Practices/Agricultural Supply Chain / PRI（賛同表明）
統合報告	国際統合報告評議会 / IIRC（賛同表明）

（2018 年 6 月現在）

第 4　機関投資家協働対話フォーラムの集団的エンゲージメント

1　機関投資家協働対話フォーラム設立の経緯

　日本版スチュワードシップ・コード（以下「SS コード」という）、コーポレートガバナンス・コードの制定によって、わが国でも「企業と投資家の対話」（エンゲージメント）が広く定着してきた。日本投資顧問業協会や、GPIF、日本 IR 協議会などの各種アンケート調査でも、経営戦略や中長期の持続的成長に関する対話が増えた、

ESG に関する対話が増えたなど、両コードが重視する中長期視点での対話が進展しているとの結果が示されている。

このような中で、2017 年 5 月の SS コードの改訂では、新たに指針 4-4 として「機関投資家が投資先企業との間で対話を行うに当たっては、単独でこうした対話を行うほか、必要に応じ、他の機関投資家と協働して対話を行うこと（集団的エンゲージメント）が有益な場合もあり得る。」という協働対話に関する規定が取り入れられた。

このような動向を背景として、協働対話を目的とした団体として一昨年 10 月に一般社団法人機関投資家協働対話フォーラム（以下「協働対話フォーラム」という）が設立された。協働対話フォーラムには、現在、パッシブ運用を行う機関投資家 5 社が参加している。

2　協働対話フォーラムの活動内容と意義

協働対話フォーラムでは、2018 年 1 月以降、ESG に関する「ビジネスモデルの持続性に関する重要な課題（マテリアリティ）の特定化と開示」「不祥事発生企業への情報開示と社外役員との協働対話のお願い」「株主総会で相当数の反対票が投じられた議案に関する原因分析と対応についての説明」などのアジェンダで、投資家としての「共通見解」をまとめ、上場企業との対話を行っている。

このような協働対話フォーラムを通じた集団的なエンゲージメントは、企業側・投資家側双方にとって対話の時間的・物理的な効率化にとどまらず、対話内容の深化にも寄与し得る。パッシブ運用では、アクティブ運用と異なり、投資対象を個別に選定して売買することは行わず、市場全体の中長期的なパフォーマンスの向上がテーマとなる。そのため、日本市場全体に係る様々な課題について、各機関投資家の意見が共通する部分も多く、協働での対話が有効であると考えられる。

図表 3-2-5 協働対話プログラムの構造

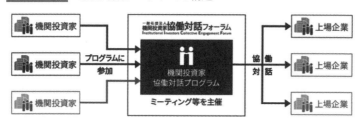

　なお、協働対話フォーラムは、いわゆる数の力で企業に圧力をかけることは予定していない。あくまで、投資家の共通見解を企業と対話することを通じて、企業の長期的な企業価値の向上と持続的成長に資することが目的であり、また投資家の考えを一方的に押し付け、事業活動の重大な変更を要求したり、経営の細部に介入したりするものではなく、企業が抱える課題に関して、機関投資家と企業の間の認識の共有を図ることを通じて、企業の主体的な経営を支援するために活動している。そのため、金融商品取引法に定められている「重要提案行為」や「共同保有の合意」は行わないこととしている。

3　不祥事発生企業との協働対話

　2018年7月19日、協働対話フォーラムは、「不祥事発生企業への、情報開示と社外役員との協働対話のお願い」と題するアジェンダを公表すると共に、不祥事発生企業に対し、共通見解レターを送付した。このアジェンダは、不祥事の対応・予防に関するエンゲージメントにフォーカスした日弁連ESGガイダンス第2章と特に関係する取組と思われるので、以下詳述する。

(1)　不祥事の発生に対する参加投資家の立場

　共通見解レターは、以下の通り、不祥事の発生に対する参加投資家の立場を明確にしている。

第2章　機関投資家のエンゲージメントの実践例

> 昨今、多くの企業等で社会的非難を招くような不正・不適切な行為等の不祥事が表面化しています。これらの不祥事は、社会的影響の広がりにより、当該企業の社会的評価を下げ、業績に悪影響を及ぼし、株価の下落も相まって企業価値を毀損します。しかしながら、不祥事が表面化し株価が下落しても、パッシブ運用の投資家は、基本的に株式を保有し続けます。広く日本株式全体に投資をしていることから、言わば "日本株式会社" のユニバーサル・オーナーという観点を有しており、超長期投資のスタンスで、企業の持続的な成長を支援する立場です。
>
> 日本版スチュワードシップ・コード原則4-1は「企業価値が毀損されるおそれがあると考えられる場合には、より十分な説明を求めるなど、投資先企業と更なる認識の共有を図るとともに、問題の改善に努めるべきである」と規定しています。パッシブ運用の投資家は、不祥事が発生した企業に十分な説明を求めるとともに、投資家が懸念する課題を伝えて課題認識を共有化し、改革を促し、企業価値の再生を支える役割が求められています。
>
> このように、不祥事が発生した企業に対し、パッシブ運用を行う機関投資家のグループとして、独立性と中立性と専門性を備えた適切な第三者委員会の設置、徹底的な調査の実施、深層にある問題の把握と実効性のある対応策の策定、独立性の高い社外役員によるコーポレートガバナンス改革と体質改善・風土改革を促すとともに、これらの企業価値の再生のプロセスを他の企業に広く示し事例とすることは、複数の機関投資家による協働対話の役割のひとつと考えます。

　以上のような投資先企業の不祥事対応にエンゲージメントを行い企業価値の再生をサポートしていく機関投資家の立場は、日弁連ESGガイダンス第2章が機関投資家に対し不祥事対応・予防に関するエンゲージメント（対象）を推奨していることとも整合していると考えられる。

(2)　不祥事対応に関する参加機関投資家の考え方

　共通見解レターは、以下の通り、不祥事対応に関する参加投資家の考え方も明確にしている。

第3部　実践例・留意点

　不祥事が発生した企業においては、隠蔽や誤魔化し、自己保身など
を図ることなく、日本取引所自主規制法人「上場会社における不祥事
対応のプリンシプル」をベースに、徹底した実態調査と原因究明、そ
して、背景にある問題把握と改革、実効的な再発防止策を実施し、企
業価値の再生に取り組んでいただきたいと考えます。

　特に、社外の第三者の視点による調査は重要であり、日本弁護士連
合会「企業等不祥事における第三者委員会ガイドライン」に準拠し、
高度な独立性を有する第三者委員会を発足させ、同委員会の活動をサ
ポートし、その報告を真摯に受け止めていただきたいと考えます。

　また、私共は、不祥事を招いた原因として考えられる背景に、企業
体質や風土に問題を抱えているのではないかと懸念しています。日本
企業の不祥事の多くは、不祥事を行った役職員等が私腹を肥やす目的
で行ったものではなく、「会社のため」と考えて取った行動であり、そ
のような行動をとった背景に企業体質や企業風土に根深い問題があり、
そのため、内部統制、コンプライアンス、内部監査などの不祥事防止
機能や、取締役会・監査役会などの監督機能が十分に機能しなかった
というものです。

　したがって、不祥事問題を解決し、損なわれた企業価値を再生する
ためには、徹底的な事実関係の調査と原因の究明だけではなく、企業
体質・風土からの改革が必要であると考えています。そのため、社外
の目線からのコーポレートガバナンス改革が必要であり、社外取締役、
社外監査役に重要な役割を果たしていただかなくてはならないと考え
ています。

　参加機関投資家が上場企業に対し「上場会社における不祥事対応
のプリンシプル」や日本弁護士連合会「企業等不祥事における第三
者委員会ガイドライン」に準拠した不祥事対応を要請している点は、
日弁連ESGガイダンス第2章と整合している。

　また、本共通見解レターの特徴として、不祥事問題を解決し、損
なわれた企業価値を再生するため、社外取締役、社外監査役がコー
ポレート・ガバナンス改革において重要な役割を果たすことを期待
している点がある。このような見解を踏まえ、協働対話フォーラム

は、社外取締役・社外監査役との協働対話を実施している。

4 今後の協働対話に向けた展望

協働対話の試みは、日本ではまだ緒に就いたばかりである。しかし、英国のSSコードの原則5に「機関投資家は、適切な場合には、他の投資家と協調して行動すべきである」と定められているように、欧米では機関投資家のスチュワードシップ活動の1つとして、広く行われている。

わが国でも、日本投資顧問業協会のアンケート（2017年10月実施）では、「行ったことはないが今後行う予定」という機関投資家が42％あり、今後関心が高まるものと思われる。協働対話は、個別対話と車の両輪となるものと考えている。

（松原　稔）

第3部　実践例・留意点

第3章 ┃ 投資家が上場会社の不祥事対応の「実力」を見極めるためのチェックポイント

第1　上場企業の不祥事対応に対する投資家の関心の高まり

　企業価値を毀損する不祥事の多発を背景として、上場企業において不祥事が発生した場合にいかに対応しているかに関して、投資家の関心が高まっている。

　投資家は、受託者責任を果たす観点からも、投資先企業の企業価値の再生を図ることを目的として、上場企業に対し適切な不祥事対応を行うようにエンゲージメント（対話）を行うことが期待される。

1　スチュワードシップ・コードにおける位置付け

　スチュワードシップ・コードの原則4は、「機関投資家は、投資先企業との建設的な『目的を持った対話』を通じて、投資先企業と認識の共有を図るとともに、問題の改善に努めるべきである。」と規定している。指針4-1は、「機関投資家は、中長期的視点から投資先企業の企業価値及び資本効率を高め、その持続的成長を促すことを目的とした対話を、投資先企業との間で建設的に行うことを通じて、当該企業と認識の共有を図るよう努めるべきである。なお、投資先企業の状況や当該企業との対話の内容等を踏まえ、当該企業

188

第3章　投資家が上場会社の不祥事対応の「実力」を見極めるためのチェックポイント

の企業価値が毀損されるおそれがあると考えられる場合には、より十分な説明を求めるなど、投資先企業と更なる認識の共有を図るとともに、問題の改善に努めるべきである。」とし、「当該企業との対話の内容等を踏まえ、更に深い対話を行う先を選別することも考えられる。」と脚注している。

2　日弁連 ESG ガイダンスにおける位置付け

上記のスチュワードシップ・コードの規定を補完すべく、日弁連ESG ガイダンス第2章も、機関投資家が投資先企業の不祥事対応・予防に対してエンゲージメント（対話）を実施するに当たっての実務指針を示している。

3　機関投資家協働対話フォーラムにおける動向

機関投資家協働対話フォーラムも、2018 年 7 月 19 日、エンゲージメント・アジェンダ「不祥事発生企業への、情報開示と社外役員との協働対話のお願い」を公表した。

重大な不祥事が発生し、その対応が現在進行形である企業を対象として選定し、情報開示と社外役員との協働対話をお願いする手紙の送付を開始したとする。特定の企業を非難することではなく、不祥事対応について超長期保有の投資家がどのように考えるかを広く日本企業や他の投資家に伝え、他の企業において万が一不祥事が発生した際の企業価値再生に向けた取組の参考としてもらうことを目的としている。

手紙には「不祥事の発生に対する参加投資家の立場」「不祥事対応に関する参加機関投資家の考え方」が示され、具体的なアクションとして、「お願い①：情報開示」「お願い②：社外取締役・社外監査役との協働対話の実施」を挙げている。

189

第3部　実践例・留意点

第2　不祥事対応のベストプラクティスを物差しにして考える

　以上のように投資家が投資先企業の不祥事対応に関してエンゲージメントを行う前提として、対象企業の不祥事対応の「実力」を見極めることが重要だ。そのためには、不祥事対応のベストプラクティスを物差しにして考えることが効果的である。

　このような物差しとなるベストプラクティスに関する指針としては、以下の通り、①「企業等不祥事における第三者委員会ガイドライン」、②「上場会社における不祥事対応のプリンシプル」、③「第三者委員会報告書格付け委員会の声明」、そして④「上場会社における不祥事予防のプリンシプル」の4つが挙げられる。

1　①日弁連「企業等不祥事における第三者委員会ガイドライン」

　不祥事が発生した際に設けられる委員会には大きく分けて2つのタイプがある。1つは、企業等が弁護士に対し内部調査への参加を依頼することによって調査の精度や信憑性を高めようとする内部調査委員会である。適法・不適法の判断能力や事実関係の調査能力に長けた弁護士が参加することは、確かに内部調査の信頼性を飛躍的に向上させることになり、企業等の信頼回復につながる。その意味で、こうした活動に従事する弁護士の社会的使命は、何ら否定されるものではない。

　しかし、企業等の活動の適正化に対する社会的要請が高まるにつれて、この種の調査では、株主、投資家、消費者、取引先、従業員、債権者、地域住民などといったすべてのステークホルダーや、これらを代弁するメディア等に対する説明責任を果たすことは困難となりつつある。ステークホルダーに代わって企業等を監督・監視する

190

第3章　投資家が上場会社の不祥事対応の「実力」を見極めるためのチェックポイント

立場にある行政官庁や自主規制機関もまた、独立性の高い、より説得力のある調査を求め始めている。そこで注目されるようになったのが、企業等から独立した委員のみをもって構成され、徹底した調査を実施した上で専門家としての知見と経験に基づいて原因を分析し、必要に応じて具体的な再発防止策等を提言するタイプの第三者委員会である。経営者等自身のためではなくすべてのステークホルダーのために調査を実施し、結果を対外公表することで、最終的には企業等の信頼と持続可能性を回復することが第三者委員会の使命であり、関係者の人事や法的責任追及等には関与しない。

　日本弁護士連合会は、この第三者委員会の活動がより一層社会の期待に応え得るものとなるよう、自主的なガイドラインとして「企業等不祥事における第三者委員会ガイドライン」を策定した（2010年7月15日公表、同年12月17日改訂）。

　具体的な内容として、調査スコープ等に関しては、「第三者委員会は企業等と協議の上、調査対象とする事実の範囲（調査スコープ）を決定する。調査スコープは、第三者委員会設置の目的を達成するために必要十分なものでなければならない」と述べられている。また、「第三者委員会はその判断により、必要に応じて調査スコープの拡大・変更等を行うことができる。この場合には調査報告書でその経緯を説明すべきである」と付記されており、第三者委員会は、ステークホルダーにとって必要だと判断した場合、企業等が調査対象外としたものについても調査しなければならない。

　第三者委員会の独立性・中立性については、「調査報告書の起案権は第三者委員会に専属する」「第三者委員会は、調査により判明した事実とその評価を、企業等の現在の経営陣に不利となる場合であっても、調査報告書に記載する」「第三者委員会は、調査報告書提出前に、その全部又は一部を企業等に開示しない」と述べている。

　報酬に関しても、「弁護士である第三者委員会の委員及び調査担当弁護士に対する報酬は、時間制を原則とする」と述べており、

第3部　実践例・留意点

「委員の著名性を利用する『ハンコ代』的な報酬は不適切な場合が多い。成功報酬型の報酬体系も、企業等が期待する調査結果を導こうとする動機につながり得るので、不適切な場合が多い」と付記されるなど、徹頭徹尾、独立性に配慮したガイドラインとなっている。

2　②上場会社における不祥事対応のプリンシプル

　日本取引所自主規制法人が策定した「上場会社における不祥事対応のプリンシプル〜確かな企業価値の再生のために〜」は、2016年2月24日の公表以来、不祥事対応の教科書となっている。

　「企業活動において自社（グループ会社を含む）に関わる不祥事又はその疑義が把握された場合、当該企業は、必要十分な調査により事実関係や原因を解明し、その結果をもとに再発防止を図ることを通じて、自浄作用を発揮する必要がある。その際、上場会社においては、速やかにステークホルダーからの信頼回復を図りつつ、確かな企業価値の再生に資するよう、本プリンシプルの考え方をもとに行動・対処することが期待される」という前文が、不祥事対応のエッセンスを説いている。

　前文に続き、「不祥事の根本的な原因の解明」「第三者委員会を設置する場合における独立性・中立性・専門性の確保」「実効性の高い再発防止策の策定と迅速な実行」「迅速かつ的確な情報開示」の4つの原則を掲げている。

　不祥事の根本的な原因の解明については、「表面的な現象や因果関係の列挙にとどまることなく、根本的な原因を解明するよう努める。そのために、必要十分な調査が尽くされるよう、最適な調査体制を構築する。その際、独立役員を含め、適格な者が率先して自浄作用の発揮に努める」と述べている。

　第三者委員会を設置する場合における独立性・中立性・専門性の確保については、「内部統制の有効性や経営陣の信頼性に相当の疑義が生じている場合、当該企業の企業価値の毀損度合いが大きい場

第3章　投資家が上場会社の不祥事対応の「実力」を見極めるためのチェックポイント

合、複雑な事案あるいは社会的影響が重大な事案である場合などには、調査の客観性・中立性・専門性を確保するため、第三者委員会の設置が有力な選択肢となる。第三者委員会を設置する際には、委員の選定プロセスを含め、その独立性・中立性・専門性を確保するために十分な配慮を行う」と述べている。

　迅速かつ的確な情報開示は、公正な株価形成だけではなくインサイダー取引防止のためにも重要である。最近では企業の不祥事がインサイダー取引につながる事例が増えており、例えば東洋ゴム工業の「免震積層ゴムの大臣認定不適合」事案では、対策本部のメンバーであった子会社社員から聞いた子会社の取引先の役員が東洋ゴム工業株を売り付けた。また、旭化成建材の「杭工事の施工データの流用」事案でも調査作業を行う中で知った子会社社員による旭化成株の売り付けが発覚し、いずれも課徴金納付命令を受けている。

3　③第三者委員会報告書格付け委員会の声明

　第三者委員会報告書格付け委員会は、2014 年 4 月に、弁護士、学識経験者、ジャーナリスト等により設立された。第三者委員会の調査報告書を格付けして公表し、調査に規律をもたらし、第三者委員会及び報告書への社会的信用を高めることを目的としている。

　格付け対象として選定した報告書を各委員がA、B、C、D の 4 段階で評価し、内容が著しく劣る報告書は F（不合格）としている。また、評価理由を記載した書面（個別評価書）のほか、委員会における「議論のポイント」を当委員会のウェブサイトに掲載している。現時点で約 20 の事案について、格付結果を公表している。

　第三者委員会報告書格付け委員会は、日産自動車、神戸製鋼所、SUBARU、三菱マテリアル、東レといった、わが国を代表する上場メーカーにおいて不祥事が続発し、外部調査に関する報告が相次いで公表されている事態を受け、2018 年 2 月に以下の内容の声明を発出した。

第3部　実践例・留意点

図表 3-3-1　第三者委員会報告書格付け委員会評価結果

回	時期	対象組織	事案	格付け評価				
				A	B	C	D	F
20	2019年3月	厚労省	毎月勤労統計調査の不適切な取扱い					9
19	2019年2月	東京医科大学	入学試験における不適切行為		2	3	4	
18	2018年8月	日本大学	アメフトにおける重大な反則行為				1	7
17	2018年7月	雪印種苗	種苗法違反	1	8			
16	2018年3月	神戸製鋼所	検査結果の改ざん				3	6
15	2018年1月	日産自動車	不適切な完成検査の実施				6	2
14	2017年7月	富士フイルムホールディングス	海外グループ会社不適正会計			1	7	
13	2017年4月	ディー・エヌ・エー	キュレーション事業	1	4	3		
12	2017年2月	日本オリンピック委員会	東京オリンピック招致活動				6	2
11	2016年11月	東亜建設工業	地盤改良工事の施工不良					9
10	2016年8月	三菱自動車工業	燃費不正問題		5	1		
9	2016年5月	王将フードサービス	コーポレートガバナンス体制			1	3	2
8	2016年2月	東洋ゴム工業	免震積層ゴムの認定不適合			1	4	4
7	2015年11月	東芝	不適切な会計処理			4	1	3
6	2015年8月	ジャパンベストレスキューシステム	連結子会社における不適正会計			5	4	
5	2015年5月	労働者健康福祉機構	虚偽の障害者雇用状況報告書		2	5	2	
4	2015年2月	朝日新聞社	慰安婦報道問題				3	5
3	2014年11月	ノバルティスファーマ	臨床研究における問題行為			6	3	
2	2014年8月	リソー教育	不適切な会計処理			4	3	2
1	2014年5月	みずほ銀行	反社会的勢力反社会的勢力との取引			4	4	

第3章　投資家が上場会社の不祥事対応の「実力」を見極めるためのチェックポイント

・プリンシプルに即した対応を

　上場会社における不祥事対応のプリンシプルに照らせば、上記の問題事案はいずれも独立性・中立性・専門性を確保した第三者委員会の設置が必要と思われるが、少なくとも日産自動車とSUBARUは委員会を設置せず、東レの有識者委員会は調査を自ら実施していない。神戸製鋼所は社長を中心とした委員会から外部調査委員会に移行したものの、米国での訴訟を理由に、外部調査委員会ではなく自社の名前で報告書を公表しており、いずれもプリンシプルに即した対応を避けている。

　こうした対応では、プリンシプルが上場会社に求める「必要十分な調査により事実関係や原因を解明し、その結果をもとに再発防止を図ることを通じて自浄作用を発揮する」「速やかにステークホルダーからの信頼回復を図りつつ、確かな企業価値の再生に資する」という目的を達することは困難である。

・社外役員がリーダーシップを

　第三者委員会の設置が求められる状況は、経営者が経営責任（及び法的責任）を問われる場面であり、安易で不十分な調査により事実を矮小化して難局を切り抜けたいという動機が働き、経営者と会社との間に利益相反が生じる。

　だからこそ、プリンシプルは「独立役員を含め、適格な者が率先して自浄作用の発揮に努める」と述べており、社外役員は、経営者が安易で不十分な調査に逃げないようリーダーシップを発揮し、確かな企業価値の再生に向けた道筋を付けるべきである。

・名ばかり第三者委員会に気を付けて

　東芝が2015年5月に設置した第三者委員会が、子会社ウエスチングハウス社ののれんの減損問題を調査対象から外したことが、同年12月の同子会社による旧CB&Iストーン＆ウェブスターの買収につながり、その後の経営危機を招いたという見立ては、企業社会の共通認識になりつつある。

　プリンシプルが「第三者委員会という形式をもって、安易で不十分な調査に客観性・中立性の装いを持たせるような事態を招かないよう」と注意喚起する通り、実態を伴わない「名ばかり第三者委員

第3部　実践例・留意点

会」は、確かな企業価値の再生を阻むどころか、逆に企業価値を毀損する事態を招く。こうした事態を招かないようプリンシプルに即して行動することも、有事における役員の善管注意義務の一部をなすことを役員は銘記すべきである。

4　④上場会社における不祥事予防のプリンシプル

　2018年3月に日本取引所自主規制法人が公表した「上場会社における不祥事予防のプリンシプル」では、6つの原則が示された。

　中核となるのは、原則4の「不正の芽の察知と機敏な対処」であり、「コンプライアンス違反を早期に把握し、迅速に対処することで、それが重大な不祥事に発展することを未然に防止する。早期発見と迅速な対処、それに続く業務改善まで、一連のサイクルを企業文化として定着させる」と述べている。原則1は「実を伴った実態把握」、原則2は「使命感に裏付けられた職責の全う」、原則3は「双方向のコミュニケーション」、原則5は「グループ会社を貫く経営管理」、原則6は「サプライチェーンを展望した責任感」であり、不祥事を起こした企業の原因究明や再発防止策の検討に、このプリンシプルの観点が生きてくる。

第3　上場企業の不祥事対応を見極めるチェックポイントとは

　以上のような不祥事対応のベストプラクティスに関する指針をふまえれば、不祥事対応の実力を見極めるチェックポイントとしては特に以下の6つの点が挙げられる。

　①　経営陣が不祥事を認知してから公表するまでのスピードはタイムリーか？

　②　公表された対応方針は、投資家への説明責任を真摯にふまえたものか？

第3章 投資家が上場会社の不祥事対応の「実力」を見極めるためのチェックポイント

③ 調査委員会の構成には、独立性と専門性が認められるか？

④ 調査委員会の調査報告書は、投資家が知りたいことを伝えているか？

⑤ 調査委員会の再発防止提言を受けて、経営陣は再発防止に真摯に取り組んでいるか？

⑥ 不祥事対応の一連のプロセスに、社外役員はリーダーシップを発揮しているか？ である。

以上のようなチェックポイントをふまえて、投資家が、投資先企業の不祥事対応を見極めた上で、企業価値の再生に向けて建設的な対話をより一層積極的に行っていくことを期待したい。

（竹内　朗）

第3部　実践例・留意点

第4章 ┃ 開示・エンゲージメントにおける金商法上の法的論点

第1 機関投資家がエンゲージメントを行うに際して留意すべき金融商品取引法上の規制

　機関投資家が、投資先とESG投資における平時・有事のエンゲージメント（対話）を行うに際しては、①エンゲージメントにおいて共有・議論する情報に関する金融商品取引法（以下「金商法」という）上の規制と②エンゲージメントにおける対話手法に関する金商法上の規制に留意する必要がある。

　そこで、以下では、上記の2点に関する金商法上の規制内容を概観し、これらとの関係でエンゲージメントにおいて留意すべき点を検討する。

第2 エンゲージメントにおいて共有・議論する情報に関する金融商品取引法上の各規制について

　機関投資家が投資先とのエンゲージメントを行うに当たり、金商法において留意すべき情報に関する規制として、①内部者取引規制（金商法166条参照）、②上場会社等による公平な情報開示に関する規制（重要情報の公表規制）（金商法27条の36）と、金融商品取引業者を対象とする③法人関係情報に関する規制（金商法44条3号及び

198

第 4 章 開示・エンゲージメントにおける金商法上の法的論点

金融商品取引業等に関する内閣府令（以下「業府令」という）147 条 2 号など）などが挙げられる。

　以下では、平時及び有事におけるエンゲージメントにおいて共有・議論することとなる情報が、これらの規制対象となるか否か、規制対象となる場合にどのような対応が考えられるか、また、エンゲージメントを通じて投資先による ESG に係る非財務情報の開示内容に虚偽があることを認識した場合の対応について検討する。

1　投資先とのエンゲージメントと①内部者取引規制

(1)　内部者取引規制における重要事実

　金商法は、内部者取引規制の対象となる情報を重要事実と定義し、上場会社等の会社関係者が一定の状況のもとで重要事実を知った場合や当該会社関係者から当該重要事実の伝達を受けた場合に、会社関係者やその伝達を受けた者が当該重要事実が公表される前に当該上場会社等が発行する株券等の取引を行うことを禁止する（金商法 166 条参照）。

　また、金商法は、重要事実が公表される前に会社関係者が他人に対し、その者に利得を得させ若しくは損失を回避させる目的で重要事実を伝達し、又は、取引を行うことを勧めることも禁止する（情報伝達・取引推奨行為の禁止。金商法 167 条の 2 参照）。

　金商法は、重要事実を限定列挙する方式を採用しており、上場企業に関するものとしては、決定事実（金商法 166 条 2 項 1 号参照）、発生事実（同項 2 号参照）、業績予想値又は決算値（以下「業績予想値等」という）における差異の発生に係る事実（同項 3 号参照）が具体的に定められ、これらに該当する事実を除き、当該上場会社等の運営、業務又は財産に関する重要な事実であって投資者の投資判断に著しい影響を及ぼすもの（同項 4 号参照。いわゆるバスケット条項）を定めている。

　そのため、機関投資家が投資先である上場企業と ESG 投資にお

199

第3部 実践例・留意点

けるエンゲージメントを行うに当たっては、対話等を通じて共有・議論することとなる情報が、重要事実に該当するか否か、その可能性も含めて留意する必要がある[1]。

(2) 平時におけるエンゲージメントと重要事実該当性

ESG 投資における平時のエンゲージメントにおいて、機関投資家が投資先の上場企業と共有する情報は、日弁連 ESG ガイダンス第 1 章 4 条に規定された各項目・開示分野に関する情報となることが想定される。そして、これらの情報は、通常は、「重要事実」としての決定事実、発生事実及び業績予想値等における差異の発生に係る事実に該当することはないものと考えられる。また、バスケット条項における「投資者の投資判断に著しい影響を及ぼす情報」とは、「通常の投資者が当該事実を知った場合に、当該上場株券について当然に『売り』または『買い』の判断を行うと認められること」と解釈されているところ[2]、平時におけるエンゲージメントにとどまる限り、基本的にはこのような評価をされる情報にも該当することもないものと考えられる。

よって、平時のエンゲージメントにおいては、その他特段の事情がない限り（例えば、いわゆる示唆情報との組合わせによる重要事実の認識など）、重要事実に該当することによる問題が生じることはないものと考えられる。この点に関連して、平時からの機関投資家の対応として、あらかじめ未公表の重要事実の入手を望まない旨をエンゲージメントの方針として公表・投資先と共有するなどしておくことも考えられる。

---

1) 特に投資運用業者である場合には、金商法 175 条 1 項 3 号において、自己以外の者の計算において内部者取引該当行為を行った場合も課徴金の対象となることにも留意が必要となる。

2) 横畠裕介『逐条解説インサイダー取引規制と罰則』（商事法務研究会、1989 年）119 頁参照。

(3) 有事におけるエンゲージメントと重要事実該当性

　平時におけるエンゲージメントとは異なり、具体的に ESG 関連リスクが顕在化する有事におけるエンゲージメントにおいては、重要事実への該当性可能性が問題となるものと思われる。

　例えば、金商法は、発生事実として、以下の事実を定めている。

- ・災害に起因する損害又は業務遂行の過程で生じた損害（金商法166条2項　2号イ）
- ・財産権上の請求に係る訴えが提起されたこと又は当該訴えについて判決があったこと若しくは当該訴えに係る訴訟の全部若しくは一部が裁判によらずに完結したこと（同法施行令28条の2第1号）
- ・事業の差止めその他これに準ずる処分を求める仮処分命令の申立てがなされたこと又は当該申立てについて裁判があったこと若しくは当該申立てに係る手続の全部若しくは一部が裁判によらずに完結したこと（同条第2号）
- ・免許の取消し、事業の停止その他これらに準ずる行政庁による法令に基づく処分（同条第3号）

　これらの発生事実には、別途、純資産額や売上高などとの関係で一定の割合を超えないものと見込まれる場合には重要事実から除外される、いわゆる軽微基準が定められている（有価証券の取引等の規制に関する内閣府令（以下「不公正取引等府令」という）50条参照）。そして、①発生事実の発生当初は金額が判明しないもの（例えば損害額）については、純資産額や売上高に対する軽微基準において定められる割合よりも高くなる可能性がある限りは重要事実であるとされており、②軽微基準において「見込まれる」とは客観的、合理的に予測されることをいうとされ、通常は、発行会社により合理的に予測されたことをいうと解されている[3]。また、上記の「財産権上の請求に係る訴え」「事業の差止めその他これに準ずる処分を求める仮処分命令の申立て」には外国裁判所に対するものも含まれ、

第3部　実践例・留意点

「免許の取消し、事業の停止その他これらに準ずる行政庁による法令に基づく処分」には外国の行政機関によるものも含まれると解されている[4]。

　さらに、業績予想値等における差異の発生に係る事実については、売上高や経常利益等について一定の基準を満たす場合にのみ重要事実に該当するとされており（重要性基準。不公正取引等府令51条参照）、当該事実は決定事実や重要事実を補完するという性格も有している。例えば、業務遂行の過程で生じた損害自体は少額であったため軽微基準に該当するものの、当該損害を発生させた事実に起因して主要工場等が操業不能となり売上高の大幅な減少が見込まれるといった場合に、この重要性基準を満たす場合がある[5]。

　そして、いわゆるバスケット条項に該当する事実に関しては、証券取引等監視委員会が公表する「金融商品取引法における課徴金事例集〜不公正取引編〜」によれば、これまで様々な事実がバスケット条項に該当する事実とされている[6]。それらの中には、「発行会社が、有価証券報告書虚偽記載の嫌疑による証券取引等監視委員会の強制調査を受けたこと」も含まれており、一般論として行政当局（海外当局も含む）による調査等が開始された事実も含まれ得るものと解される。

　以上を踏まえると、過去のESG関連リスクが顕在化した不祥事事件の実例（①大手広告代理店の女性従業員過労自殺事件における、複数の国・地方公共団体からの入札資格の停止措置、②アパレルメーカーの海外委託工場による過酷な労働環境について外部の人権NGOが調査を実施し公表を行ったことによる企業のブランド価値の毀損、③メキシ

---

3)　横畠・前掲注2）91頁参照。
4)　横畠・前掲注2）98頁、102頁、104頁参照。
5)　横畠・前掲注2）114頁-115頁参照。
6)　平成30年6月28日付け「金融商品取引法における課徴金事例集〜不公正取引編〜」86頁参照。

コ湾における原油採掘中の爆発事故による海洋汚染の発生による多額の賠償金負担、④自動車メーカーが不正なソフトウェアを搭載し排出ガス規制を潜脱したことに対する当局による調査・制裁金の賦課、⑤清涼飲料メーカーが地下水の大量汲み上げにより周辺地域の水質汚染などを発生させたことに対する当局による工場閉鎖命令など）や、近時の日本企業による製品に関する品質偽装などにおける、不祥事事件発生後の事実経過に応じた情報（関係当局による調査や処分、周辺住民、購入者、取引先企業などからの損害賠償請求や事業差止めの申立て、これによる上場会社の発表済みの業績見込みへの影響など）は、軽微基準に該当せず又は重要性基準を充足することなどにより、いずれかの重要事実に該当する可能性がある。

　そのため、平時におけるエンゲージメントとは異なり、具体的にESG関連リスクが顕在化する有事におけるエンゲージメントにおいては、投資先に対し重要事実への該当性に配慮した対話（不祥事事件発生後における対話に際しては未公表の重要事実をその内容に含めないように投資先に要請する、詳細な対話は投資先による公表まで差し控える、エンゲージメントに際し重要事実を共有したと認めた場合には当該エンゲージメントに関与した者を特定・管理し、公表されるまでの間の投資先株式等の投資活動を禁止するとともに、投資先に対し速やかな公表を求めるなど）が必要となるものと思われる。

(4)　情報伝達・取引推奨規制への対応の必要性

　内部者取引規制は、重要事実が公表される前にこれを一定の目的をもって伝達することや、取引を推奨することも禁止している（金商法167条の2）。この規制は、会社関係者（金商法166条1項各号）のみを名宛人とするものであるため、特段の事情がない限り[7]、機関投資家が投資先とのエンゲージメントにおいて当該各号に該当することはないものと考えられるが、該当する場合には、投資先が公表するまでの間に取得した重要事実の情報管理や上記の情報伝達・取引推奨規制に留意する必要がある。

第 3 部　実践例・留意点

2　投資先とのエンゲージメントと②上場会社等による公平な情報開示に関する規制（重要情報の公表規制）

(1)　重要情報の公表規制と重要情報

　2017 年の金商法改正により、公平・公正な情報開示は、証券市場の健全性に不可欠な要素であり、企業が重要な情報を正当な理由なく特定の者のみに提供することがあれば、市場参加者の信頼を損ね、ひいては証券市場の健全な発展を阻害することになりかねないとして、未公表の決算情報などの重要な情報を証券アナリストなどに提供する場合、他の投資家にも公平に情報提供を求めるルール（以下「FD ルール」という）が導入された。

　FD ルールにおいて、上場会社等が情報提供を行うか否かの判断が必要となる情報は重要情報と定義され、その内容は以下の通りである。

　『上場会社等の運営、業務又は財産に関する公表されていない重要な情報であって、投資者の投資判断に<u>重要な影響</u>を及ぼすもの』（注：下線部筆者）

　このように定義された重要情報は、内部者取引規制における重要事実（内部者取引規制におけるバスケット条項は「上場会社等の運営、業務又は財産に関する重要な事実であって、投資者の投資判断に<u>著しい影響</u>を及ぼすもの」と定めている）の範囲よりも広くなることが想定されている。

　この点に関して、改正に向けた議論が行われた金融審議会においては、内部者取引規制の対象となる情報の範囲と基本的に一致させつつ、それ以外の情報のうち、発行者又は金融商品に関係する未公

---

　7)　例えば、後述する重要情報の公表規制との関係で、投資先との間で守秘義務の負担及び株式売買禁止等を含む契約を締結した機関投資家は、金商法 166 条 1 項 4 号該当性が問題となる。

204

第 4 章　開示・エンゲージメントにおける金商法上の法的論点

表の確定的な情報であって、公表されれば発行者の有価証券の価額
に重要な影響を及ぼす蓋然性があるものを含めることが考えられて
いた。そのため、例えば、年度末又は四半期末の決算数値に関する
見込み情報について、内部者取引規制においては重要性基準に該当
しないため重要事実には含まれない場合であっても、FD ルールに
おける重要情報には該当する可能性がある。

　また、当該金融審議会においては、工場見学や事業別説明会で提
供されるような情報など、他の情報と組み合わさることによって投
資判断に影響を及ぼしうるものの、その情報のみでは、直ちに投資
判断に影響を及ぼすとはいえない情報を、いわゆるモザイク情報
（以下でも、このような情報を単にモザイク情報と記載する。）と整理し、
重要情報の対象範囲から除くことが適当であると議論されていた。

　このような議論を踏まえて、金融庁が公表している「金融商品取
引法第 27 条の 36 の規定に関する留意事項について」（以下「ＦＤ
ルールガイドライン」という）問 4 では、企業の将来情報に関する議
論等の取扱いに関して、①中長期的な企業戦略・計画等に関する経
営者との議論の中で交わされる情報、②既に公表した情報の詳細な
内訳や補足説明、公表済の業績予想の前提となった経済動向の見込
みについて、金融庁の見解が示されており、いずれについても一般
的には重要情報には該当しないものの、それ自体として投資判断に
活用できる場合（①について）や、今後の企業業績の変化を予測で
きる場合（②について）など、公表されれば有価証券の価額に重要
な影響を及ぼす蓋然性のある情報である場合には、重要情報に該当
すると説明されている。

　そして、内部者取引規制における重要事実のように限定列挙され
ていないことや、軽微基準や重要性基準による明確な除外判断もで
きないことから、投資先である上場企業は重要情報該当性を保守的
に判断する可能性がある。

　以下では、重要情報に関する上記の議論を踏まえて、平時・有事

205

第3部　実践例・留意点

のエンゲージメントにおける重要情報該当性について検討する。

(2)　平時におけるエンゲージメントと重要情報該当性

FD ルールにおける重要情報は、内部者取引規制における重要事実を含み、より広い情報がこれに含まれうるものの、公表されれば有価証券の価額に重要な影響を及ぼす蓋然性のある情報である必要があり、それ自体として投資判断に活用できるとはいえないモザイク情報までは含まれない。このような重要情報の性質に鑑みた場合、平時のエンゲージメントにおいては、特段の事情がない限り、重要情報に該当することによる問題が生じることはないものと思われる。

(3)　有事におけるエンゲージメントと重要情報該当性

他方で、有事におけるエンゲージメントにおいては、上記1(3)記載の各不祥事事件の実例に関する情報は、将来における多額の賠償負担から収益を圧迫することとなる恐れや、事業の差し止め、許認可の取消し又は一時停止、その他事業の継続に重大な影響を及ぼす恐れが生じることから投資判断に活用される可能性があり、公表されれば有価証券の価額に重要な影響を及ぼす蓋然性のある情報となりうる。

この点に関し、FD ルールガイドラインに関するパブリックコメントの結果において、金融庁は、実態に即した判断が必要であるとしているものの、決算情報以外の内部者取引規制の対象となり得る情報（組織再編など）のうち軽微基準に該当する情報について、重要情報として管理しないことも考えられるとし、取引関係者との対話を通じて対応することも考えられるとしている[8]。

FD ルールや内部者取引規制をふまえて、上場会社は、①法定開示等を通じてすべての投資家等に対して開示する情報、②誰に対しても開示しない情報、③①及び②のいずれにも属さないものの個別

---

8)　FD ルールガイドライン問3に対する回答、及び FD ルールガイドラインに関するコメントの概要及びコメントに対する金融庁の考え方回答5参照。

的な対話において投資家等から問われた場合には開示する、といった情報管理を行うことが考えられる[9]。

そのため、機関投資家は、有事におけるエンゲージメントにおいては、対話内容の性質に応じて、上場会社における重要情報該当性に関する情報管理にも配慮する必要があり、重要情報への該当可能性があると認識した場合には、上場会社との対話を経た上で速やかな公表を求めるといった対応が必要となる場合もあるものと思われる。

また、上記の通り投資先である上場企業が重要情報該当性について保守的に考え、上記②の情報範囲を広くとる可能性があることも否定できず、このような場合はそもそもエンゲージメントを行うことも難しくなる。そこで、このような場合に備え、平時から、エンゲージメントに際して共有・議論した情報が重要情報に該当する可能性が明らかになった場合には、投資先による公表が行われる前には当該情報の守秘義務を負担し、当該投資先が発行する有価証券の売買等の投資判断には利用しない旨の合意をしておくことも考えられる（金商法27条の36第1項但書参照）。

3 投資先とのエンゲージメントと金融商品取引業者を対象とする③法人関係情報に関する規制

(1) 金融商品取引業者に対する法人関係情報に関する勧誘規制、情報管理規制等

金商法は、①金融商品取引業者が、法人関係情報（業府令1条4項14号）を提供して有価証券の売買等の勧誘をすることや法人関係情報を利用して自己売買を行うことなどを禁止し（金商法38条8号及び業府令117条1項14号・14号の2・16号など）、また、②金融

---

9)　武井一浩「フェアディスクロージャーを踏まえた実務対応上の諸論点」商事法務2137号（2017年）34頁参照。

第3部　実践例・留意点

商品取引業者に対して、法人関係情報に係る不公正な取引の防止を図るために必要かつ適切な措置を講じることを求める（金商法40条2号及び業府令123条1項5号）。

ここでいう法人関係情報は、以下の通り定義されている。

「法第163条第1項に規定する上場会社等の運営、業務又は財産に関する公表されていない重要な情報であって顧客の投資判断に影響を及ぼすと認められるもの並びに法第27条の2第1項に規定する公開買付け（同項本文の規定の適用を受ける場合に限る。）、これに準ずる株券等（同項に規定する株券等をいう。）の買集め及び法第27条の22の2第1項に規定する公開買付け（同項本文の規定の適用をうける場合に限る）の実施又は中止の決定（法第167条第2項ただし書に規定する基準に該当するものを除く。）に係る公表されていない情報をいう。」（注：下線部筆者）

以上の法人関係情報の定義内容を踏まえると、内部者取引規制における重要事実やFD規制における重要情報と比較して、さらに幅広い情報がこれに含まれるものと解される。

そのため、機関投資家が金融商品取引業者でもある場合、上記で検討したように、有事におけるエンゲージメントにおいては重要事実又は重要情報に該当すると解される情報が共有・議論される可能性があることに加えて、平時のエンゲージメントにおいても法人関係情報への該当可能性に留意する必要があるものと思われる。

例えば、投資先との対話において共有したESG情報が当該投資先における経営上の重要課題である場合（サプライチェーンにおける過酷な労働環境が第三者により公表された結果、株価にも影響を及ぼすような企業価値の低下が生じ、再発防止・改善対応の一環として、サプライチェーン全般における労働環境改善に向け、その調査実施状況や具体的な製造委託先への働きかけを行っている状況においてエンゲージメントが行われている場合など）においては、これらの情報が法人関係情報に該当すると解釈される可能性は否定できないものと思われる。

208

第 4 章 開示・エンゲージメントにおける金商法上の法的論点

　このように、金融商品取引業者たる機関投資家は、内部者取引規制における重要事実該当性、FD 規制における重要情報該当性に加えて、金融商品取引業者規制における法人関係情報該当性についても留意が必要となり、すでに構築している法人関係情報に関する情報管理ルールの適切な運用が求められる。

　なお、本稿では詳論しないが、金商法は、2 以上の業務の種別に係る業務を行う金融商品取引業者が、これらの業務を営むに当たって、非公開情報に基づいて、顧客の利益を図ることを目的とする助言行為・運用行為を行うことも禁止している（金商法 44 条 3 号等参照。）。この非公開情報も、法人関係情報と同様に、内部者取引規制における重要事実や FD 規制における重要情報よりも幅広い情報がこれに含まれるものと解されることに留意する必要がある。

4　投資先とのエンゲージメントを通じて開示情報に虚偽があると認識した場合の対応について

　投資先である上場企業が提出した有価証券報告書等の開示書類に、金商法における「重要な虚偽記載」（「重要な事項につき虚偽の記載があり、又は記載すべき重要な事項の記載がかけている」こと。金商法 10 条 1 項、172 条の 4 第 1 項等）がある場合、内閣総理大臣（金融庁）から課徴金納付命令や訂正命令[10]を受ける可能性がある。

　そして、重要な虚偽記載とは、一般的に、投資者の投資判断に影響を与えるような基本的事項、すなわち、仮に当該事項について真実の記載がなされれば、投資者の投資判断が変わるような事項であると解されている。

　例えば、有価証券報告書における ESG に関連する非財務情報の

---

10)　なお、金商法 10 条 1 項は「誤解を生じさせないために必要な重要な事実の記載が欠けている」場合も訂正命令の対象とするが、このような場合は課徴金納付命令の対象には含まれていない。

第3部　実践例・留意点

開示は、「対処すべき課題」「事業等のリスク」や「経営者による財政状態、経営成績及びキャッシュ・フローの状況の分析」の箇所で行われるものと考えられる。これらの非財務情報は、①投資家が経営者の視点から企業を理解するための情報を提供し、②財務情報全体を分析するための文脈を提供するとともに、③企業収益やキャッシュ・フローの性質やそれらを生み出す基盤についての情報提供を通じ将来の業績の確度を判断する上で重要とされている[11]。他方で、財務情報と異なり、非財務情報の開示内容については解釈・評価の余地があり、そもそも虚偽記載に該当するか否かが問題となる場合が多くなるものと考えられる。この点に関し金融庁は、事業等のリスクの具体的な開示内容について、「事業等のリスクの記載が虚偽記載に該当するかどうかは個別に判断すべきと考えられますが、提出日現在において、経営者が企業の経営成績等の状況に重要な影響を与える可能性があると認識している主要なリスクについて、一般に合理的と考えられる範囲で具体的な説明がされていた場合、提出後に事情が変化したことをもって、虚偽記載の責任を問われるものではないと考えられます。一方、提出日現在において、経営者が企業の経営成績等の状況に重要な影響を与える可能性があると認識している主要なリスクについて敢えて記載をしなかった場合、虚偽記載に該当することがあり得ると考えられます。」と回答し、提出日時点における経営者の認識をメルクマールの一つとしている（2019年1月31日付け「『企業内容等の開示に関する内閣府令の一部を改正する内閣府令（案）』に対するパブリックコメントの概要及びコメントに対する金融庁の考え方」No16参照）。そして、このような経営者の認識は、エンゲージメントを通じて機関投資家と共有されるもの

---

11)　2018年6月28日付け金融審議会ディスクロージャー・ワーキンググループ報告2頁、2019年3月19日付けで金融庁が公表した「記述情報の開示に関する原則」1頁-2頁等参照。

210

第 4 章　開示・エンゲージメントにおける金商法上の法的論点

と思われる。

　そのため、機関投資家は、平時・有事のエンゲージメントを通じて、投資先の ESG に関連する非財務情報の開示に投資者の投資判断に影響を及ぼすような虚偽記載があると認めた場合には、当該開示後のエンゲージメントにおいて確認することが考えられる。また、その状況に応じて、証券取引等監視委員会や各財務局に対し情報提供することも考えられる。

　さらに、当該投資先やその役員に対し、損害賠償請求をすることも考えられる（金商法 21 条の 2、24 条の 4 が準用する 22 条等）。

第 3　エンゲージメントにおける対話手法に関する金融商品取引法上の各規制について

　機関投資家が投資先とのエンゲージメントを行うに当たり、金商法において留意すべき対話手法に関する規制として、①大量保有報告規制の特例報告制度に関する重要提案行為等（金商法 27 条の 26 第 1 項）への該当可能性、②大量保有報告規制における共同保有者（金商法 27 条の 23 第 5 項）又は公開買付け規制における特別関係者（金商法 27 条の 2 第 7 項）への該当可能性が挙げられる。

　以下では、平時及び有事におけるエンゲージメントに際し、これらの規制との関係でどのような対話手法が望ましいかについて検討する。

1　投資先とのエンゲージメントと①大量保有報告規制の特例報告制度に関する重要提案行為等への該当可能性

　大量保有報告制度においては、報告書等の提出頻度を緩和する特例報告制度があり、この制度の適用を受けるためには、重要提案行為等（保有する株券等で当該株券等の発行者の事業活動に重大な変更を加え、又は重大な影響を及ぼす行為として政令で定めるもの）を行うこ

211

第3部　実践例・留意点

とを保有の目的としないことが要件となっているため、特例報告制度を利用する機関投資家は、重要提案行為等を行うことが保有目的であると解釈されないことが必要となる。

金融庁は「日本版スチュワードシップ・コードの策定を踏まえた法的論点に係る考え方の整理」（以下「金融庁による考え方の整理」という）を公表しており、これによれば、重要提案行為等に該当するか否かは個別事案ごとに判断されるとするものの、(i)提案の客観的内容が金商法施行令14条の8の2第1項各号[12]に該当すること、(ii)発行者の事業活動に重大な変更を加える、又は重大な影響を及ぼすことを目的とすること、及び(iii)提案行為と認められることという要件を満たすことが必要となるとしている。

その上で、金融庁による考え方の整理は、投資先の経営方針等の説明を求めることや、自らの議決権行使方針や保有株式の処分等の方針・具体的な投資先への議決権行使の予定や処分等の予定を説明すること、これに対する投資先の説明や株主総会における質問と

---

[12]　金商法施行令14条の8の2第1項各号は以下の通り。
　　一　重要な財産の処分又は譲受け
　　二　多額の借財
　　三　代表取締役の選定又は解職
　　四　役員の構成の重要な変更（役員の数又は任期に係る重要な変更を含む。）
　　五　支配人その他の重要な使用人の選任又は解任
　　六　支店その他の重要な組織の設置、変更又は廃止
　　七　株式交換、株式移転、会社の分割又は合併
　　八　事業の全部又は一部の譲渡、譲受け、休止又は廃止
　　九　配当に関する方針の重要な変更
　　十　資本金の増加又は減少に関する方針の重要な変更
　　十一　その発行する有価証券の取引所金融商品市場における上場の廃止又は店頭売買有価証券市場における登録の取消し
　　十二　その発行する有価証券の取引所金融商品市場への上場又は店頭売買有価証券登録原簿への登録
　　十三　その他前各号に準ずるものとして内閣府令で定める事項

第4章　開示・エンゲージメントにおける金商法上の法的論点

いった投資先との認識共有を図る行為は、基本的には(iii)の提案には該当しないとしている。

　他方で、株主総会における具体的な事項の決議を求める行為や経営方針等の変更を求める行為について、(ii)及び(iii)の要件に該当する可能性が高いとしている[13]。

　このような金融庁による考え方の整理を踏まえると、(i)の該当性はある程度明確に判断できると考えられるため、投資先とのエンゲージメントの段階においては、少なくとも経営方針等の変更や具体的な事項の決議を求めるものではないことは明確にした上で、特定のESGに対する問題について認識の共有をすりあわせることを目的として行うことに留意が必要であると考えられる。

　そして、日弁連ESGガイダンス第2章4条4項に記載している通り、集団的なエンゲージメントは、個別的なエンゲージメントに比べて、投資先に対する影響力を高められるというメリットがある。しかしながら、集団的なエンゲージメントを行うに際しては、他の参加者が、その行為により、その保有目的が重要提案行為等を行うものであると認められた場合に、自らも当該重要提案行為に加担したものとして、その保有目的を評価されるおそれがある。そのため、集団的なエンゲージメントを行う参加者間において、投資先との間で認識の共有をすり合わせる内容を含めて、参加者間の共通の見解がどのような内容であるかを明確にするとともに、それ以外の見解に関しては何ら合意していないことを明確にし、さらに、それらの内容を投資先に対しても対話の前に明らかにしておくことも検討すべきである。

---

13)　この論点について、谷口達哉「集団的エンゲージメントに関する金融商品取引法上の諸論点」商事法務2158号（2018年）（以下「谷口論文」という）19頁が詳しい検討を行っているので参照されたい。

第3部　実践例・留意点

2　投資先とのエンゲージメントと②大量保有報告規制における共同保有者又は公開買付け規制における特別関係者への該当可能性

　大量保有報告規制は、株券等保有割合（金商法 27 条の 23 第 4 項）を基準として、保有者に対して報告書等の提出を求める。この株券等保有割合の算出に際しては、共同保有者（金商法 27 条の 23 第 5 項）が保有する数も含むものとされていることから、共同保有者に該当するか否かは、報告書等の提出の要否を判断するに当たって重要となる。

　金商法 27 条の 23 第 5 項は、以下の通り定める。

　『共同保有者とは、株券等の保有者が、当該株券等の発行者が発行する株券等の他の保有者と共同して当該株券等を取得し、若しくは譲渡し、又は<u>当該発行者の株主としての議決権その他の権利を行使することを合意している</u>場合における当該他の保有者をいう。』（注：下線部筆者）

　そのため、集団的なエンゲージメントに参加する他の機関投資家との間で、下線部の要件に該当する合意を行っていると解釈される場合、当該他の機関投資家が保有する株券等を合算しなければならなくなる。

　この点に関して、金融庁による考え方の整理は、「株主としての議決権その他の権利」とは、「議決権の他、株主提案権、議事録・帳簿閲覧権、役員等に対する責任追及訴訟の提訴請求権など、株主としての法令上の権利」を指すものと考えられ、「法令上の権利の行使以外の株主としての一般的な行動についての合意」にすぎない場合には、基本的に、当該「他の投資家」は「共同保有者」には該当しないと解釈している。そして、「法令上の権利」とは、「一定の自己の利益を自己のために主張することができる法律上保証された力」をいうものとしている。

　よって、集団的なエンゲージメントにおいて、株主提案権や会計

214

第4章　開示・エンゲージメントにおける金商法上の法的論点

帳簿等の閲覧請求権といった権利を共同して行う場合には、共同保有者に該当すると解釈されるものと考えられる。

　他方で、①株主総会での議決権行使について話し合ったにとどまる場合やそれぞれの議決権行使の予定を伝え合い意見交換を行うにとどまる場合は「合意」があるとは認められず[14]、また、②エンゲージメントに参加する機関投資家らが共通して有する見解を投資先に対して提示する行為や、これらの見解に対して当該投資先の考え方の説明を求める行為にとどまる場合は、その他特段の事情がない限り、「法令上の権利の行使」とまでは認められないことから、共同保有者であると解釈されるリスクは少ないものと考えられる[15]。

　そして、金融庁による考え方によれば、公開買付規制における「特別関係者」[16] 該当性についても、同様の解釈があてはまるとされているため、上記の整理は公開買付規制との関係でも有用である。

　よって、機関投資家は投資先に対して集団的なエンゲージメントを行うに際しては、以上の議論も踏まえた対話手法をとることに留意する必要があるものと考えられる。

（工藤　靖）

---

14)　なお、投資運用業者である機関投資家が、他の参加者との間で、あらかじめ特定の議案に関して議決権行使の合意をすることは、顧客に対する忠実義務（金商法41条1項）等の関係で問題となるものと思われるため、実務的にはこのような合意の存在が認められた結果、共同保有の合意が認められる事例が生じる可能性は低いものと考えらえる。

15)　詳細な検討については、谷口論文16頁-17頁を参照されたい。

第 3 部　実践例・留意点

---

16)　公開買付規制は、株券等所有割合（金商法 27 条の 2 第 8 項）を基準とし
て、買付け等を行おうとする者に公開買付規制に基づく手続きに従うことを
求める。この株券等所有割合の算出に際しては、特別関係者（金商法 27 条
の 2 第 7 項）が所有する数も加算するものとされていることから、特別関係
者に該当するか否かは、公開買付規制を遵守する必要があるか否か判断する
に当たって重要となる。
　　金商法 27 条の 2 第 7 項は、以下の通り定める。
　　「特別関係者」とは、次に掲げる者をいう。
　　二　株券等の買付け等を行う者との間で、共同して当該株券等を取得し、
若しくは譲渡し、若しくは当該株券等の発行者の株主としての議決権その他
の権利を行使すること又は当該株券等の買付け等の後に相互に当該株券等を
譲渡し、若しくは譲り受けることを合意している者

216

第 5 章　金融機関の ESG 取組の状況

| 第5章 | 金融機関の ESG 取組の状況 |

第 1　業界団体の取組

1　全国銀行協会

　全国銀行協会は、平成 30 年 3 月 15 日、SDGs や ESG 投資の重要性を踏まえ、「行動憲章」を改定し、「持続可能な社会の実現に向けた責務」として、環境問題、人権問題等の課題への対応や、そのためのガバナンス体制構築の重要性について記載するとともに（第 1 条）、持続可能な社会実現のための金融機関の資金供給等によるサポートの重要性について記載し（第 2 条）、また、「人権の尊重」に関する規定を新設している（第 5 条）。さらに、第 7 条「環境問題への取組」において、「気候変動への適応」への取組の必要性が盛り込まれている。

　また、全国銀行協会は、企画委員会の傘下に、新たに「SDGs/ESG 推進検討部会」を設置し、会員行の取組状況の把握と各種サポート、金融経済教育の推進・拡大、女性活躍推進等の 8 項目について、関連部会（決済高度化検討化部会、マネー・ローンダリング問題検討部会、人権・同和問題検討部会等）と連携しつつ、SDGs の推進に関する全体施策の推進を行うとともに[1]、SDGs の推進体制および主な取組を決定、公表している[2]。

---

1)　https://www.zenginkyo.or.jp/fileadmin/res/news/news300355_1.pdf

2)　https://www.zenginkyo.or.jp/news/detail/nid/9108/

217

第3部　実践例・留意点

また、全国銀行協会は平成30年3月15日、「クラスター弾に関する銀行界の取組について」[3]を公表し、クラスター弾の製造企業に対しては、資金使途にかかわらず与信を禁止することとしている。

2　全国信用金庫協会

全国信用金庫協会は、平成30年4月26日に信用金庫業界の行動規範である「信用金庫行動綱領」を改定し[4]、国内外においてSDGsの達成に向けた取組が進められていることから、環境問題、人権問題などの社会的課題への対応や、当該問題に取り組む上でのガバナンス体制の構築を進めていくことの重要性について追記している。

3　生命保険協会

生命保険協会は、「SDGs推進PT」及び「ESG投融資推進WGの設置」、「行動規範」の改正等に取り組んでいるほか、「ESG投融資推進WG」を通じた好事例の共有も行っていくと報道されている[5]。

4　日本損害保険協会

日本損害保険協会は、「持続可能な社会実現への貢献（SDGs達成への貢献）」「技術革新の促進への貢献（Society5.0実現への貢献）」という2つの観点から、平成30年度にスタートした第8次中期基本計画を推進している。前者については、まず、防災・減災、事故防止といったSDGsに直結する従来の活動を再点検するとともに、行動規範の検証にも着手し、また後者については、急速なデジタル化

---

3) https://www.zenginkyo.or.jp/fileadmin/res/news/news300345.pdf

4) www.shinkin.org/news/pdf/20180514kouryou.pdf

5) 平成30年9月22日付け日本経済新聞朝刊。

がもたらす諸課題に正面から向き合うとのことである。

5　日本証券業協会

日本証券業協会は、SDGs で掲げられている社会的な課題に積極的に取り組むため、平成 29 年 9 月 19 日、協会会長の諮問機関として、「証券業界における SDGs の推進に関する懇談会」を設置している。

また、同懇談会における検討テーマを個別に検討するため、インパクト・インベストメント（ワクチン債、ウォーターボンド、グリーンボンド等の組成・販売等）や ESG 投資等について議論する「貧困、飢餓をなくし地球環境を守る分科会」のほか、「働き方改革そして女性活躍支援分科会」および「社会的弱者への教育支援に関する分科会」を上記懇談会の下部機関として設置し、具体的な方策を検討している[6]。

また、日本証券業協会は、SDGs 推進に関する明確なコミットメントを対外的に表明するため、平成 30 年 3 月 22 日 に「SDGs 宣言」を行っている。

6　小括

ESG 融資等はリスク管理態勢であり、横並びではなく、各金融機関の創意工夫も重要であるが、今後も業界全体の底上げや情報共有等に関し、業界団体の役割は大きいと課され、社会の変化に応じて官民一体となって対応していくことが求められる。

第2　銀行の取組

銀行において、3 メガバンクは、赤道原則（インフラ建設など大規

---

[6]　http://www.jsda.or.jp/katsudou/kaigi/chousa/sdgs_kon/index.html

第 3 部　実践例・留意点

模プロジェクトへの融資の際に環境・社会リスク評価管理を行うための
ガイドライン）を採択しているほか[7]、3 メガバンクグループは、グ
リーンボンド（資金使途を環境に配慮した事業に限定して発行する債
券）を発行するなどの取組をしている。

　なお、銀行等においては、ESG の取組についての開示も進展し
ている。例えば、企業統治（G）については、コーポレート・ガバ
ナンス報告書による開示を、また環境（E）及び社会（S）について
はディスクロージャー誌やウェブサイトの CSR の部分において開
示するなどしている（社会（S）のうち、女性活躍（ダイバーシティ）
や従業員のワークライフバランスについては、中期経営計画に記載する
銀行もある）。その他、七十七銀行、八十二銀行、滋賀銀行のよう
に、統合報告書を作成して ESG 情報を開示している銀行もある。

　その他、具体的にみると、以下のような取組がなされている。

1　三菱 UFJ フィナンシャル・グループ[8]

　三菱 UFJ フィナンシャル・グループは、平成 30 年 5 月 15 日、
グループの事業基本方針となる「MUFG 環境方針」と「MUFG 人
権方針」を制定するとともに、上記 2 つの基本方針のもと、環境・
社会配慮を実現するための枠組みとして、「MUFG 環境・社会ポリ
シーフレームワーク」を制定し、平成 30 年 7 月 1 日から適用を開
始している。

　MUFG 環境方針は、三菱 UFJ フィナンシャル・グループがそれ
まで策定していた「MUFG グループ環境理念」「MUFG グループ
環境方針」「MUFG 環境に関する行動方針」「生物多様性保全活動
に関する考え方」を統合したものである。具体的には、低炭素社会

---

7)　みずほ銀行は 2003 年 10 月、三菱 UFJ 銀行は 2005 年 12 月、三井住友銀
　　行は 2006 年 1 月に採択している。その他、農林中金金庫及び三井住友信託
　　銀行が採択している。

8)　https://www.mufg.jp/csr/policy/

220

第5章　金融機関のESG取組の状況

への移行を促進し、気候変動に対するリスクを低減するために、太陽光・風力等の再生可能エネルギー事業や環境に対するリスクに配慮した企業の資金調達の支援等を通じて、温室効果ガス排出量削減の取組を推進することや、商品・サービスの提供を通じて、生物多様性を保全する事業を支援することを掲げている。

MUFG人権方針は、役職員の人権尊重を中心に制定していた人権に対する「基本的な考え方」を改定したものである。具体的には、人権の尊重を経営の重要課題と認識し、事業活動のすべてにおいて、人権尊重へのコミットメントを行うことを宣言するとともに、適用範囲としては、グループ各社の役職員のほか、グループ各社の顧客やサプライヤー（納入業者）に対しても人権の尊重を働き掛けることとしている。また、役職員の人権尊重について、各種差別の禁止、ハラスメント行為の禁止、人権侵害に対する相談窓口の整備等を推進するものとしている。

また、MUFG環境方針及びMUFG人権方針のもと、「MUFG環境・社会ポリシーフレームワーク」を策定しており、環境・社会に対するリスク又は影響の性質や重大性に鑑み、「ファイナンスを禁止する事業」、及び「ファイナンスに際して特に留意する事業」を定め、対応を明確化している。このフレームワークは、三菱UFJ銀行、三菱UFJ信託銀行、三菱UFJ証券ホールディングスに適用される。

---

(1)　ファイナンスを禁止する事業

以下に該当する事業は、重大な環境・社会に対するリスクまたは負の影響を内包すると考えます。主要子会社は、これらの事業に対して、環境・社会に対するリスクまたは負の影響を認識した場合はファイナンスを実行しません。

A) 違法または違法目的の事業

B) 公序良俗に反する事業

C) ラムサール条約指定湿地へ負の影響を与える事業

第3部　実践例・留意点

D）ユネスコ指定世界遺産へ負の影響を与える事業

E）絶滅のおそれのある野生動植物の種の国際取引に関する条約（ワシントン条約）に違反する事業（※）

F）児童労働・強制労働を行っている事業

(2)　ファイナンスに際して特に留意する事業

留意する事業に関する項目としては、セクター横断的な項目と特定セクターに係る項目があります。

以下の項目に該当する事業には、環境・社会に対するリスクまたは負の影響が存在する可能性が高く、お客さまによる適切な環境・社会配慮の実施が期待されます。主要子会社がそれらの事業に対してファイナンスの実行を検討する際には、環境・社会に対するリスクまたは影響を特定・評価するプロセスでお客さまの環境・社会配慮の実施状況を確認します。

お客さまの環境・社会配慮が、予想されるリスクまたは影響に比べて十分とは言えない場合には、ファイナンスを実行しません。

①　セクター横断的な項目

A）先住民族の地域社会へ負の影響を与える事業

B）非自発的住民移転に繋がる土地収用を伴う事業

C）保護価値の高い地域へ負の影響を与える事業

②　特定セクターに係る項目

A）石炭火力発電セクター

　　環境保護、とりわけ気候変動への取り組みは、MUFG に与えられた社会的使命の中でも最も重要なものの一つであり、事業を通じた課題への解決策を提供するため、太陽光・風力などの再生可能エネルギー事業に対して積極的にファイナンスを実施しています。

　　パリ協定の合意事項達成に向けた国際的な取り組みに賛同する立場から、温室効果ガス排出削減につながる先進的な高効率発電技術や二酸化炭素回収・貯留技術（Carbon dioxide Capture and Storage, CCS）などの採用を支持します。

　　三菱 UFJ 銀行と三菱 UFJ 信託銀行は、石炭火力発電に係る新規与信採り上げに際しては、OECD 公的輸出信用アレンジメントなどの国際的ガイドラインを参考に、石炭火力発電を巡る各国な

> らびに国際的状況を十分に認識した上で、ファイナンスの可否を
> 慎重に検討します。
>
> B）クラスター弾製造セクター
>
> 　クラスター弾は、一般市民に甚大な影響を与えてきた兵器です。
> 内蔵する複数の子弾が空中で広範囲に散布する爆弾であり、人道
> 上の懸念が大きいと国際社会で認知されています。
>
> 　クラスター弾の非人道性を踏まえ、クラスター弾製造企業に対
> するファイナンスを禁止しています。

　上記の通り、先進的な高効率発電技術や炭素回収・貯留技術（CCS）等の支持を宣言すると共に、グループの三菱 UFJ 銀行及び三菱 UFJ 信託銀行の融資時には OECD 公的輸出信用アレンジメント等の国際的ガイドラインを参考にファイナンスの可否を慎重に検討するとしている。なお、融資（ファイナンス）の基準となる排出係数の設定や、CCS なし石炭火力発電への融資制限については言及がなされていない。

　なお、三菱 UFJ フィナンシャル・グループは、ESG のうち「E」と「S」について金融業との親和性を考慮して優先的に取り組むべき「七つの環境・社会課題」を特定し、例えば「地球温暖化・気候変動」への対応については、グローバル CIB 事業本部などが再生可能エネルギー領域での取組を強化しており、CO_2 排出量削減等に資する事業融資を使途として、継続的にグリーンボンドを発行するなどしている[9]。

2　三井住友銀行[10]

　三井住友銀行は、与信業務の普遍的かつ基本的な理念・指針・規

---

9)　三菱 UFJ フィナンシャル・グループ執行役専務徳成旨亮「ESG/SDGs を踏まえた MUFG の革新的経営」金融財政事情 2018 年 10 月 22 日号 16 頁。

10)　https://www.smfg.co.jp/responsibility/smfgcsr/esg_initiative/risk/

第3部　実践例・留意点

範等を明示した「クレジットポリシー」に公共性・社会性の観点から問題となる与信を行わないという基本原則とともに、事業別に環境・社会リスクへの融資方針を定め、地球環境に著しく悪影響を与える懸念のある与信を行わないことを謳っている。

　また、環境・社会に多大な影響を与える可能性がある大規模プロジェクトへの融資においては、民間金融機関の環境・社会配慮基準である「エクエーター原則」を採択し、国際環境室において、環境社会リスク評価を実施している。

　その他、特に以下に掲げる分野については、環境や社会などへの影響を鑑み対応を行っている。

> ・クラスター爆弾やその他殺戮兵器の製造への対応
> 　クラスター弾製造については、その非人道性を踏まえ、「与信の基本理念に反する先」として、製造企業宛ての与信を禁止しております。また、人道上の観点からその他の殺戮兵器製造にも融資金が用いられないことを確認しています。
>
> ・パーム油農園開発への対応
> 　環境・社会に配慮して生産されたパーム油に与えられる認証である、RSPO（Roundtable on Sustainable Palm Oil）、或いは準ずる認証機関の認証を受けているかどうか確認し、新規農園開発時の森林資源および生物多様性の保全、児童労働などの人権侵害などが行われていないことを確認し融資を行っています。また、まだ認証を受けていない取引先については、同認証の取得推奨、支援を行っています。
>
> ・森林伐採への対応
> 　融資対象プロジェクトにおいて、森林伐採を伴う場合は、各国の法規制に則り違法伐採や焼却が行われていない旨を確認の上、融資を行っています。また、大規模なプロジェクトについては、エクエーター原則に則り、原生林や生態系の破壊など環境への影響を評価しています。

第5章　金融機関の ESG 取組の状況

・石炭火力発電への対応

　気候変動対策の一環として、石炭火力発電所への融資方針について定めています。国際エネルギー機関（IEA）の報告でも、アジア諸国では石炭火力発電所を新規建設中の国々が見られるなど、引き続き石炭が重要なエネルギー源となる地域が存在する一方、先進国では脱炭素への動きが進む中、日本政府も 2050 年までに温室効果ガス排出量の 80% 削減を掲げています。

　かかる状況下、低炭素社会への移行段階として、石炭火力発電所への新規融資は国や地域を問わず超々臨界（※）及びそれ以上の高効率の案件に融資を限定しています。

　なお、当社として、新興国等のエネルギー不足解決に貢献しうるなどの観点から、適用日以前に支援意志表明をしたもの、もしくは日本国政府・国際開発機関などの支援が確認できる場合においては、上記方針の例外として、慎重に対応を検討いたします。

　（※）蒸気圧 240bar 超かつ蒸気温 593℃ 以上。または、CO_2 排出量が 750g-CO_2/kWh 未満。

　また、既存設備の効率化・高度化や、温室効果ガス排出量を抑える設計がされている炭素貯留・回収などの先進技術など環境へ配慮した技術は、温室効果ガス排出量の削減へ向けた取組として支援し、今後は各国の政策や気候変動への取組状況を注視しつつ、定期的に方針の見直しを図ってまいります。

　また、具体的商品に関しては、三井住友銀行は、「SMBC サステイナビリティ評価融資 / 私募債」を商品改定し、平成 30 年 4 月より、「ESG/SDGs 評価融資 / 私募債」を開始している[11]。

　これは、三井住友銀行及び SMBC グループのシンクタンクである株式会社日本総合研究所が作成した基準に基づき、顧客の「ESG 側面の取組の十分さ」「情報開示の適切さ」「SDGs 達成への貢献」といった ESG/SDGs の取組や情報開示の状況について評価するとともに、評価ポイント等のコメントや、同業他社での優れた取組事

11）　https://www.smbc.co.jp/hojin/financing/sustainability/

第3部　実践例・留意点

例、情報開示の先進事例等をフィードバックする商品である。

上記の通り、評価基準の客観性及び信頼性を確保するため、日本総合研究所に制度設計及び評価業務を委託するとともに、新日本有限責任監査法人からも、制度の継続的な改善に関して専門的な知見の提供を受けるなど、外部専門家との連携が組み込まれた商品となっている。

その他、特徴的な商品として、「SMBC環境配慮評価融資／私募債」「SMBCなでしこ融資／私募債」「SMBC働き方改革融資／私募債」などがある。

3　みずほフィナンシャルグループ

みずほフィナンシャルグループは、「責任ある投融資等に向けた取り組み」を重点的な取組課題としている。

具体的には、「環境への取り組み方針」において、環境への取組が企業の存立と活動に必須の要件であり、リスクと機会になり得ることを認識するとともに、社会の持続可能な発展に貢献すべく、グローバルな金融グループとして、気候変動問題への対応や低炭素社会の構築、資源循環型社会の形成、生物多様性の保全等に対し、予防的アプローチの視点もふまえ、自主的・積極的に行動するものとしている。

また、「人権方針」において、グローバルに展開する事業において、国連「ビジネスと人権に関する指導原則」に従い人権を尊重する責任を果たすため、どのように行動するか具体的に示しており、グループ会社すべての役員及び社員に適用されるとともに、サプライヤーにも、本方針について理解を求めるとともに、同等の人権の尊重を促すよう努めるものとしている。

さらに、以下の方針を公表しており、既存の与信業務手続の中に環境リスクを軽減するためのチェック項目を設けていると報道されている[12]。

226

第 5 章　金融機関の ESG 取組の状況

> ・特定セクターに対する取り組み方針
>
> 　「特定セクターに対する取り組み方針」は、取引を通じて環境・社会に対する負の影響を助長する可能性が高い業種（兵器、石炭火力発電、パームオイル、木材等）に関し、認識すべき環境・社会リスク等を示し、資金提供・資金調達支援業務において、リスクの低減・回避に向け取引先の対応状況を確認するなど、各々の業務特性を踏まえた対応を実施の上、取引判断を行うよう定めたものです。また、株式会社みずほ銀行、みずほ信託銀行株式会社、みずほ証券株式会社、米州みずほは、本方針の運用体制を整備し、2018 年 6 月 15 日より運用を開始しました。
>
> ・与信（融資等）
>
> 　金融の円滑化を図り、内外経済・社会の健全な発展に貢献するため、〈みずほ〉は社会的責任と公共的使命の重みを常に認識し、適切なリスク管理態勢のもと、高度なリスクテイク能力を活用した金融仲介機能の発揮に努めています。また、与信業務の基本姿勢・行動指針・判断基準を定めた「与信業務規範」において、与信を通じて社会・経済の持続可能な発展と社会的課題の解決に貢献するべく、社会・経済の健全な発展に資するかという点を判断基準の 1 つにしています。具体的には、「特定セクターに対する取り組み方針」に基づいた与信判断を行うとともに、以下のような取り組みを通じて環境・社会影響を考慮し、リスク管理を行っています。

4　りそなホールディングス

　りそなホールディングスグループは、社会経済の健全かつ持続可能な発展に資する融資の取り上げを行い、顧客とともに持続的に成長していくことを目指すために、以下の通り、「融資業務における基本的な取組姿勢」を定めており、これを具現化する観点から、以下の取組を実践するものとしている。

---

12)　平成 30 年 6 月 13 日付け日本経済新聞。

227

第3部　実践例・留意点

- ・融資先のお客さまの社会課題に向けた取り組みを金融機関として積極的に支援します。
- ・社会・環境課題解決に向けた取り組みが途上のお客さまに対しては、対話を通じて働きかけを行っていきます。
- ・特に深刻な社会課題である「人身売買等の人権侵害への加担」や「児童労働や強制労働」への直接的または間接的な関与が認められる企業との融資取引は行いません。
- ・核兵器・化学兵器・生物兵器等の大量破壊兵器や対人地雷・クラスター弾等の非人道的な兵器の開発・製造・所持に関与する先や、国内外の規制・制裁対象となる先、またはその虞のある先への融資は行いません。
- ・環境に配慮した商品・サービスの開発・提供などを通じてお客さまの環境保全活動を積極的に支援することは、金融機関の重要な責務であると考えています。したがって、融資を通じて、お客さまの環境に配慮した取り組みを積極的に支援していく一方で、環境に重大な負の影響を及ぼすおそれのある開発プロジェクト等への融資は行いません。
- ・石炭火力発電事業にかかるプロジェクトファイナンスについては、災害時対応等の真にやむを得ない場合を除き、新規融資は行いません。

5　日本政策投資銀行[13]

　日本政策投資銀行は、長年、環境対策事業に対する投融資実績があり、この知見をもとに、「DBJ 評価認証型融資」を取り扱っている。具体的には、2004 年に「DBJ 環境格付融資」、2006 年に「DBJ 防災格付融資（2011 年に「DBJ BCM 格付融資」に名称変更）」、2012 年に「DBJ 健康経営（ヘルスマネジメント）格付融資」を開始している。

13）　https://www.dbj-sustainability-rating.jp/about/overview.html

DBJ 評価認証型融資は、日本政策投資銀行（DBJ）が独自に開発したスクリーニングシステムにより、企業の非財務情報を可視化し、評価して優れた企業を選定し、その評価に応じて融資条件を設定するという融資メニューである。企業との対話を通じて非財務情報を企業価値に反映させることで、サステナブルな活動に取り組む企業が金融市場やステークホルダーから正当に評価される環境を整備することを目指すとともに、環境・CSR 経営、防災・BCM（事業継続マネジメント）、健康経営に関する多面的かつ客観的な評価を行うことにより、企業の実効的な PDCA 運用に貢献することも目的としている。

6 地域金融機関

地域金融機関にも動きは進展してきている。

例えば、東邦銀行[14] は、「ESG ／ SDGs 貢献型融資」として、ESG やジェンダー平等、環境保全など国連が定める SDGs に取り組む事業者を対象にした融資の取り扱いを開始し、通常金利よりも引き下げるものとしている。

また、九州 FG 傘下の鹿児島銀行[15] は、ESG 関連の専任組織（ESG 統括室）を新設し（一元的統括体制）、専任の担当者を置き、環境（E）関連の方針の策定や具体策の企画・立案機能を担うほか、社会（S）的施策では行内調整や指示機能などを持たせ、経営企画部や支店など各部門と横断的に連携する体制を構築し、企業統治（G）分野は九州 FG とも連携し、基本方針となる「ESG 宣言」を策定していくと報道されている。

また、支店長会議や勉強会を通じて従業員全体の意識向上を図るほか、IR などを通じて株主などの認知度向上にもつなげ、各部門

14） http://tohobank.co.jp/hojin/raise/esg_sdgs.html

15） https://www.nikkei.com/article/DGXMZO32701290W8A700C1LX0000/

第3部　実践例・留意点

が進めている施策ごとに重要業績評価指標（KPI）を設定し、進捗管理もすると報道されている。

さらに、取引先の支援体制も強化し、企業評価の項目にESGの視点を取り入れることで取引先にESG関連の取組を促す環境を整えていくほか、コンサルティング機能も強化するとのことである。

第3　保険会社の取組

生命保険会社にも、ESGの動きは進展しており、大手生命保険会社において、国内外の事業融資で石炭火力発電への新規の投融資を全面的に取りやめたり、海外で投融資を実行しない方針を社内規定に明記したりしているところがある。また、大手生命保険会社において、病床数が不足するトルコ共和国イスタンブール市における大型病院キャンパスの開発・運営プロジェクトへの融資を行うなどの事例がある[16]。

さらに、損害保険業界でもESG投資を拡大しているほか、気候変動や自然災害への対応や再生可能エネルギーの普及・拡大を後押しする保険商品の開発・提供などを行っている。

第4　終わりに——責任銀行原則等の動き

パリ協定等を前提として、エネルギー産業や製造業のほか、金融業界においてもESGに関し、投資（直接金融）のみならず融資（間接金融）の分野についてグローバルな企業行動変容の動きが進展してきている。

これまで、国連責任投資原則（PRI）や保険会社を対象とした

---

16)　「金融行政とSDGs」（https://www.fsa.go.jp/policy/sdgs/FSAStrategyfor
　SDGs.pdf）

「持続可能な保険原則（PSI）」が策定されているが、国連環境計画金融イニシアチブ（UNEP FI）は 2018 年 11 月 26 日、国連責任投資原則（PRI）の銀行版となる「国連責任銀行原則（PRB：Principles for Responsible Banking）」の草案を公表し、パブリックコメント募集を開始したところであり、2019 年 9 月の発効を予定している。

　国連責任銀行原則（PRB）の策定に創設機関として参加している 28 銀行の中に日本の銀行は存しないが、規模の大小を問わず世界中の銀行が署名でき、日本の銀行の中では、三井住友トラスト・ホールディングスが初めて、署名に向けて支持を表明している[17]。

　国連責任銀行原則（PRB）は、銀行業務を国連持続可能な開発目標（SDGs）とパリ協定に示されている社会的目標（ゴール）に即したものにするよう、銀行が社会的責任を果たすことを目的として策定されたものであり、下記の通り、①SDGs とパリ協定が示すニーズや目標と経営戦略の整合性を取る、②事業が引き起こす悪影響を軽減し好影響は継続的に拡大させる、③顧客に対し世代を超えて繁栄を共有できるような経済活動を働きかける、④利害関係者に助言を求め連携する、⑤影響力が大きい領域で目標を立てて開示、実践する、⑥定期的に実践を検証、社会全体の目標への貢献について説明する、という 6 原則から構成される。

1. Align our business strategy with society's goals as expressed in the SDGs, Paris Climate Agreement and other frameworks
2. Continuously increase our positive impacts while reducing our negative impacts
3. Work responsibly with our clients and customers to create shared prosperity for current and future generations
4. Consult, engage and partner with relevant stakeholders to achieve society's goals

---

17)　2019 年 1 月 22 日日本経済新聞。https://www.smth.jp/news/2019/190122.pdf

第3部　実践例・留意点

5. Implement commitments through effective governance and setting targets for our most significant impacts
6. Commit to transparency and accountability for our positive and negative impacts, and our contribution to society's goals

　国連責任銀行原則（PRB）に署名する銀行には、①文書への最高経営責任者（CEO）による署名、②影響力が大きい領域での目標設定、③進捗状況を記載した定期的な報告書提出と評価の受け入れが求められる。

　現在の原則の草案においては、SDGsやパリ協定に照らして「negative impacts（悪影響）」を及ぼす融資が具体的に特定されているものではないが、今後、石炭火力発電向けの融資の地球温暖化への悪影響などを踏まえ、同融資について「setting targets for our most significant impacts（影響力の大きな領域での目標設定）」としてダイベストメントを表明する銀行が一層増加することも想定される[18]。

（鈴木仁史）

---

18)　2018年12月14日付け日経産業新聞によると、欧州連合（EU）の欧州委員会は「何が持続可能性に資する金融で、何がそうでないか」を巡る分類体系の検討を進めており、また、国際標準化機構（ISO）は、持続可能性に資する金融に関する技術委員会（TC322）の設置を決定し、19年3月から議論を開始するとのことである。

232

索引

◆ 欧文

CSR 条項 ································ 140
ESG インテグレーション ············· 112
ESG 金融懇談会 ····················· 124
ESG 条項 ··························· 139
ESG 投資 ····················· 4, 23, 172
ESG 融資方針・基準 ················· 134
EU 非財務情報開示指令 ············· 31
GRI ······················· 40, 41, 45
Guidelines on non-financial reporting
··· 40
IIRC ······························· 41
OECD「機関投資家の責任ある企業行
　動ガイダンス」 ··················· 85
SASB ······························ 41
SDGs ····················· 6, 217, 218
TCFD ················· 5, 41, 106, 123

◆ あ行

アクティブ運用 ····················· 173
入口対策 ··························· 133
インサイダー取引 ··················· 101
インパクト投資 ····················· 112
エンゲージメント ······· 79, 137, 139, 172

◆ か行

外国人技能実習生 ··················· 12
価値協創ガイダンス ··············· 5, 27
環境問題 ··························· 59
勧誘規制 ··························· 207
機関投資家協働対話フォーラム
················· 99, 103, 182, 189
議決権行使基準 ················· 88, 102
期限の利益喪失条項 ············· 138, 151
気候変動 ··············· 167, 221, 226
共同保有者 ························· 214
虚偽記載 ······················· 108, 209
金融商品取引法 ··········· 72, 108, 198

クラスター弾 ···················· 148, 218
グリーンボンド ····················· 223
クレジットポリシー ················· 224
経団連企業行動憲章 ··················· 9
公開買付け規制における特別関係者
··· 214
公平な情報開示 ····················· 198
コーポレート・ガバナンス ········ 68, 73
コーポレートガバナンス・コード
················· 5, 27, 73, 110
国際規範ベーススクリーニング ···· 112
国際コーポレート・ガバナンス・ネッ
　トワーク（ICGN：International
　Corporate Governance Network）
··· 26
国内行動計画（NAP：National Action
　Plan） ··························· 12
国連責任銀行原則（PRB：Principles
　for Responsible Banking） ········· 231
国連ビジネスと人権に関する指導原則
················· 10, 44, 84, 115

◆ さ行

サイバーセキュリティ ··················· 70
サウンドバンキング（健全な銀行業
　務）の原則 ····················· 129
サステナビリティテーマ型投資 ···· 112
サプライチェーン ················· 163, 170
事業性評価融資 ····················· 128
持続可能な保険原則（PSI） ········· 231
集団的エンゲージメント ············· 103
重要成果評価指標（KPI） ············· 46
重要提案行為等 ····················· 211
受託者責任 ····················· 81, 111
上場会社における不祥事対応のプリン
　シプル ················· 77, 94, 192
上場会社における不祥事予防のプリン
　シプル ················· 118, 196
情報管理規制等 ····················· 207

233

索引

人権 ………………………… 50, 162, 168
人権尊重責任 …………………… 84, 111
人権デュー・ディリジェンス（人権
DD）……………………… 84, 115, 159
人権報告書 ……………………………… 158
人権方針 ……………………… 221, 226
スチュワードシップ・コード
 …………………………… 5, 103, 188
生物多様性 ……………………………… 167
石炭産業・石炭火力発電
 ………………… 106, 123, 126, 232
赤道原則 ……………………… 219, 224
責任投資原則（PRI：Principles for
Responsible Investors）
 ………… 4, 23, 36, 39, 82, 176, 182
善管注意義務違反 …………… 109, 128

◆ た行

第三者委員会 ……………………………… 97
第三者委員会ガイドライン ………… 190
第三者委員会格付け委員会 ………… 99
ダイバーシティ ……………………… 161
ダイベストメント ……………………… 104
大量保有報告規制 …………… 211, 214
地域密着型金融 ……………………… 126
中間管理 ……………………………… 136
出口対策 ……………………………… 137

◆ な行

内部者取引規制 ……………… 198, 199

ネガティブスクリーニング ………… 112
年金積立金管理運用独立行政法人
 （GPIF）………………… 4, 23, 36, 83

◆ は行

配当割引モデル（定率成長モデル）
 ………………………………………… 175
働き方改革 …………………………… 166
パッシブ運用 ……………… 78, 172, 173
フェアディスクロージャー
 …………………… 77, 100, 198, 204
腐敗防止 ………………………………… 63
プロジェクトファイナンス ………… 142
紛争鉱物 ……………………… 10, 67, 167
米国 ERISA 法 ………………………… 82
米国カリフォルニア州サプライチェー
ン透明化法 ……………………………… 11
米国貿易円滑化・貿易執行法 ……… 11
暴排条項 ……………………………… 140
ポジティブスクリーニング ………… 112

◆ ま行

マテリアリティ ………… 29, 45, 163, 166

◆ ら行

リスクベース・アプローチ
 …………………… 114, 130, 135, 142
労働 …………………………………… 53

234

著者紹介

金　昌浩（キム　チャンホ）　監修担当

弁護士・ニューヨーク州弁護士。国際人権 NGO ヒューマンライツ・ナウ事務局次長（2016 年 1 月〜2019 年 1 月）。ヒューマンライツ・ナウでは「ビジネスと人権」分野での調査・アドボカシー活動に従事。日弁連国際人権問題委員会幹事。日弁連弁護士業務改革委員会幹事（企業の社会的責任（CSR）と内部統制に関するプロジェクトチーム所属）。

工藤　靖（くどう　やすし）　第 3 部第 4 章執筆担当

長島・大野・常松法律事務所　弁護士。2007 年弁護士登録（60 期）。金融商品取引法その他金融業規制に関するアドバイスを中心とする企業活動におけるコンプライアンス、不正発生時の調査・再発防止策の検討、関係当局への対応業務、その他一般企業法務に従事。2014 年 9 月から 2016 年 6 月まで金融庁検査局、2017 年 4 月から 2018 年 12 月まで証券取引等監視委員会事務局（開示検査課・証券検査課・総務課訟務室併任）へ出向。

蔵元　左近（くらもと　さこん）　第 1 部執筆担当

オリック東京法律事務所・外国法共同事業　弁護士・ニューヨーク州弁護士。2004 年弁護士登録（57 期）。M&A・コンプライアンス・リスクマネジメントの 3 つの面から日本企業をサポートしている。最近は、ESG 投資、英国現代奴隷法等の各国のサプライチェーン規制、日本企業の人権リスク案件にも従事している。第 6 回「新日本法規財団奨励賞」優秀賞を受賞。一般社団法人経営倫理実践研究センター（BERC）フェロー。

著者紹介

齊藤　誠（さいとう　まこと）　監修、はしがき執筆担当

弁護士法人斉藤法律事務所　代表弁護士。東京都立大学法学部卒。1978年東京弁護士会登録。日弁連弁護士業務改革委員会 CSR と内部統制 PT 座長。日弁連人権擁護委員会特別委嘱委員（松橋再審事件）。元高周波熱錬株式会社取締役（2007年〜2014年）、公益財団法人日本女性学習財団監事、学校法人和光学園評議員も務める。2017年、Lawyer Monthly より人権分野で Lawyers of the Year 受賞。1991年頃より熱帯雨林保護法律家リーグを結成して、地球環境問題、2002年頃より企業の社会的責任の問題に取り組み現在に至る。

鈴木　仁史（すずき　ひとし）　第2部第3章・第3部第5章執筆担当

鈴木総合法律事務所　代表弁護士。1996年東京大学法学部卒業、1998年弁護士登録（50期）、2001年より現職。第一東京弁護士会民事介入暴力対策委員会委員長等を歴任。銀行・信用金庫・生損保・証券会社等の金融法務のほか、人事労務・コンプライアンス・リスク管理等の企業法務、反社対応・AML/CFT などを幅広く取り扱う。『実務必携信用金庫法』、『地域金融機関の保険業務』（共著）、『マネー・ローンダリング規制の新展開』（共著）など著書多数。

髙野　博史（たかの　ひろふみ）　第3部第1章執筆担当

TMI 総合法律事務所　弁護士。2009年早稲田大学法学部卒業。2012年早稲田大学大学院法務研究科修了。2013年弁護士登録（66期）。2014年TMI 総合法律事務所入所。事業会社への出向中に、海外子会社のコンプライアンス体制の整備を含む管理業務、国内外の M&A・資本業務提携、国際取引、新規事業の立ち上げ等の業務に従事。現在、M&A、国際取引、コンプライアンス等を中心に企業法務全般を取り扱っている。

著者紹介

高橋　大祐（たかはし　だいすけ）　編集、はしがき・第2部第2章執筆担当

真和総合法律事務所　パートナー弁護士。2005年弁護士登録（58期）。法学修士（米・仏・独・伊）。日本証券アナリスト協会検定会員。企業・金融機関に対する、グローバルコンプライアンス、危機管理、紛争解決の案件に関わるほか、ESG/サステナビリティ関連の助言も行う。日弁連弁護士業務改革委員会CSRと内部統制PT副座長、国際法曹協会Business Human Rights委員会オフィサー、ジェトロSDGs研究会委員、上智大学法学部講師（環境法CSR担当）なども歴任。

竹内　朗（たけうち　あきら）　第3部第3章執筆担当

プロアクト法律事務所　代表パートナー弁護士、公認不正検査士。1990年早稲田大学法学部卒業。1996年弁護士登録。2001-06年日興コーディアル証券株式会社（現ＳＭＢＣ日興証券株式会社）法務部勤務。2006-10年国広総合法律事務所パートナー。2010年より現職。専門は企業のリスクマネジメント全般、有事の危機管理、平時のリスク管理（コンプライアンス）体制整備、コーポレート・ガバナンス、会社法、金融商品取引法、複数の上場会社の社外役員を歴任。

徳山　佳祐（とくやま　けいすけ）　第2部第3章執筆担当

登録以来、企業内弁護士として明治安田生命保険相互会社に勤務。第一東京弁護士会民事介入暴力対策委員会に所属し、主に企業の民暴対策に取り組むほか、AML/CFTについても研究を行っている。2016年カーディフ大学LLM（専攻：AML/CFT）。著書・論考として、『保険業界の暴排条項対応』（共著）（きんざい・2012），『マネー・ローンダリング規制の新展開』（共著）（きんざい・2016）、「生命保険分野におけるマネー・ローンダリング／テロ資金供与対策―FATF　リスクベース・アプローチガイダンスを踏まえて―」金法2111号（2019）等。

237

著者紹介

中野　竹司（なかの　たけし）　第2部第1章執筆担当
奥・片山・佐藤法律事務所　パートナー弁護士、公認会計士。慶應義塾
大学経済学部卒。1991年太田昭和監査法人（現EY新日本有限責任監査
法人）入所。2006年東京弁護士会登録（59期）。日弁連の企業の社会的
責任（CSR）と内部統制PT。監査法人時代に社員としても上場企業の
監査等に従事。現在、弁護士として、会計・監査関係の訴訟や第三者委
員会委員など様々な分野の法律業務を手掛けている。

松原　稔（まつばら　みのる）　第3部第2章執筆担当
りそな銀行アセットマネジメント部責任投資グループ　グループリー
ダー。1991年4月にりそな銀行入行、年金信託運用部配属。以降、投資
開発室及び年金信託運用部等で運用管理、企画を担当。2017年4月より
現職。2000年 年金資金運用研究センター客員研究員、2005年 年金総合
研究センター客員研究員。PRI日本ネットワークコーポレートワーキン
ググループ議長、経済産業省「TCFD研究会」ワーキンググループ委員
他。日本証券アナリスト協会検定会員、日本ファイナンス学会会員。

真中　克明（まなか　かつあき）　監修担当
東京海上アセットマネジメント株式会社　運用本部　責任投資グループ
　アナリスト。2005年早稲田大学政治経済学部卒業。2005年国内情報ベ
ンダー入社。2014年同社ESG研究部門に配属。機関投資家、企業に対
するESG戦略アドバイザリー業務に従事。パートナーの海外ESG調査
機関と議決権行使助言会社との連携役も務める。2016年早稲田大学大学
院ファイナンス研究科卒業。2018年より現職。機関投資家として同社の
責任投資活動の推進業務に従事。

森原　憲司（もりはら　けんじ）　監修担当
森原憲司法律事務所　代表弁護士。1984年専修大学法学部卒業。1995年
弁護士登録（47期）。虎門中央法律事務所入所。2000年よりアフラック

（現アフラック生命保険会社）に企業内弁護士として入社。2001年より2005年まで法務部長。2005年森原憲司法律事務所設立。銀行・信用金庫・信用組合・JAバンク・生保会社等の金融機関の研修や個別事案のサポートを中心に企業のカスタマーハラスメント被害対策等を取り扱っている。

日弁連 ESG ガイダンスの解説と
SDGs 時代の実務対応

2019年6月30日　初版第1刷発行

編　　者　ESG/SDGs法務研究会

発行者　小 宮 慶 太

発行所　株式
会社 商 事 法 務

〒103-0025 東京都中央区日本橋茅場町 3-9-10
TEL 03-5614-5643・FAX 03-3664-8844〔営業部〕
TEL 03-5614-5649〔書籍出版部〕
https://www.shojihomu.co.jp/

落丁・乱丁本はお取り替えいたします。　　　印刷／広研印刷㈱
© 2019 ESG/SDGs法務研究会　　　Printed in Japan
Shojihomu Co., Ltd.
ISBN978-4-7857-2726-0
＊定価はカバーに表示してあります。

JCOPY ＜出版者著作権管理機構　委託出版物＞
本書の無断複製は著作権法上での例外を除き禁じられています。
複製される場合は、そのつど事前に、出版者著作権管理機構
（電話 03-5244-5088、FAX 03-5244-5089、e-mail: info@jcopy.or.jp）
の許諾を得てください。